Az agyvérzés

amely megváltoztatta az életemet

Írta: Frank Hegyi

Fordította: Ninetta Balogh
Judit Béres-Zsák and Andras Abraham

Az agyvérzés: amely megváltoztatta az életemet

a projekt részleges pénzügyi támogatásáért

valamint

Civic Campus, Saint Vincent Hospital,
Bruyere Hospital és Aphasia Centre
a szakszerű orvosi ellátásért

Kiadó:

Frank Hegyi Publications

1240 Kilborn Place, Unit 5
Ottawa, Ontario
Canada K1H 1B4

www.hegyipublications.com

© Frank Hegyi – 2014

ISBN 978-0-9812495-9-9

Minden jog fenntartva

Az agyvérzés: amely megváltoztatta az életemet

Ajánlás

Könyvemet feleségemnek, Rose Hegyinek ajánlom, az elkötelezettségéért, amellyel kitartott mellettem a megpróbáltatás idején. Kórházi tartózkodásom első napján elveszítettem az eszméletemet, és csak négy hét múlva tértem magamhoz. A szókincsem összesen 20 szóból állt, és csak ennyit mondtam neki: "szia" – ; erre ő mosolyogva átölelt; hónapon keresztül járt be hozzám a kórházba és folyamatosan ápolt engem.

Az agyvérzés: amely megváltoztatta az életemet

Köszönetnyilvánítás

Nehezemre esett megírni ezt a könyvet. 2012. januárjában kezdtem el, és minden mondata javításra szorult. Ezt megelőzően 3 könyvet jelentettem meg, ám ez a projekt jelentős nyelvi nehézségeket rejtett magában.

E nehézségek áthidalásában a következő személyek voltak segítségemre: a barátaim, Rose Hegyi (a feleségem) és Dr. Venkat Narasimhan, aki a szöveget szerkesztette, illetve a nyelvtani hibákat és az egyes szavak helyesírását kiigazította. Hálás vagyok Jennifernek (a lányomnak), Randynek (a fiamnak) és feleségének, valamint Michael Hegyinek (a fiamnak) és feleségének, Pennynek, és lányuknak Tassiának, akik segítségemre voltak a nyelvhasználatot illetően.

Külön köszönet illeti a Civic Campus, a Saint Vincent Hospital, a Bruyere Hospital és az Aphasia Centre munkatársait a szakszerű orvosi ellátásért.

Az agyvérzés: amely megváltoztatta az életemet

Végül pedig hálával tartozom Dr. Nishith Goelnek és a Cistel Technology vállalatnak, hogy újra munkaképes állapotba hoztak.

TARTALOMJEGYZÉK

AZ AGYVÉRZÉS 11

A TÁVOLI VILÁG 29

A NAGYVILÁG 55

EGY ÚJ ÉLET KEZDETE 63

KANADAI EMIGRÁCIÓ 94

FELÉPÜLÖK AZ AGYVÉRZÉSBŐL 119

APHASIA CENTRE 145

FELÉPÜLÉS 157

VÉGKÖVETKEZTETÉS 161

Az agyvérzés: amely megváltoztatta az életemet

BEVEZETŐ

A végzetes nap 2011. február 19-én köszöntött az életembe. Éppen reggeliztünk a lányommal, amikor Jennifer arra lett figyelmes, hogy agresszíven az újság után kapok. Megkérte a feleségemet, hogy nézze meg, mit csinálok; aztán mindketten megértették, hogy éppen agyvérzést kapok. Jennifer eltámogatott az autóig, majd a feleségem és a két unokám is beültek a hátsó ülésre és elindultunk a kórházba. Elrévedő tekintettel ültem, nem érzékeltem, hogy mi történik velem.

Egy órán belül elveszítettem az eszméletemet, és a következő 4 hétben nem voltam kommunikációképes. Amikor visszanyertem a beszédkészségemet, körülbelül 20 szóból álló szókinccsel fejeztem ki magam; jobb oldalam részlegesen lebénult, nem tudtam felülni, a doktor pedig arról tájékoztatta a feleségemet, hogy valószínűleg nyomorék maradok.

Igaz, beszélni nem tudtam, néhány szót azonban megértettem. Különösen azokra a

Az agyvérzés: amely megváltoztatta az életemet

kifejezésekre koncentráltam, amelyeket az orvos mondott a nejemnek, tudniillik, hogy fogyatékkal élő leszek. Ezt semmiképp sem akartam, és minden erőmmel küzdöttem ellene.

Ez a történet a küzdelmemet mondja el.

AZ AGYVÉRZÉS

2011. február 19-én otthon voltam, és közös reggelire vártam a lányomat. Mindez az unokám 8. születésnapja előtti napon történt. Úgy terveztük, hogy reggeli után elmegyünk megvenni a gyermek szülinapi ajándékát. Reggeli közben a lányom arra lett figyelmes, hogy agresszíven meredek az újságra. Megkérdezte, mi a baj, de nem válaszoltam, csak néztem mereven magam elé és ürességet éreztem.

A lányom, Jennifer odaugrott hozzám, hogy segítsen, eközben én fokozatosan elhagytam a világot. A feleségem, Rose segítségével Jennifer az autóhoz kísért.

Éppen agyvérzést kaptam.

A kórház körülbelül 20 percnyire volt az otthonomtól. A két unokám és a nejem bepréselték magukat a hátsó ülésre, én elöl ültem, a lányom vezetett. A kórházba vezető úton megbékéltem a világgal, amely nagyon csendes volt. Az első ülésen utazva bizonytalan érzésekkel figyeltem a külvilágot.

Az agyvérzés: amely megváltoztatta az életemet

Amikor a kórházba értünk, a lányom tolószéket ragadott és eltolt a sürgősségi betegfelvételre. Néhány percen belül hordágyra kerültem, és a rohammentősök átszállítottak egy másik kórházba, ahol agyvérzéses betegeket kezeltek, és amely egy fél óra alatt megtehető távolságra volt az előbbitől. A feleségem velem utazott a mentőben; közben a lányom elvitte a gyerekeket a család egy barátjához, aki vigyázott rájuk, majd Jennifer is utánunk jött.

Mindez a lányom számára jelentős belső vívódással járt. Alig egy hónappal korábban veszítette el a férjét, aki rákos volt. Jennifer számított rá, hogy segítségére leszek a gyermekek nevelésében; Ryan 7, Sara 6 pedig éves volt ekkoriban. Tehát bevittek a kórházba, ugyanabba, amelyikben a vejemet is operálták, mielőtt a rák átterjedt az agyára. A szívbetegségem miatt ugyanarra a részlegre kerültem, mint a vejem egy hónappal korábban. Már megvoltak a magam tapasztalatai a rákkal; 2004-ben prosztatarákot diagnosztizáltak nálam, és sugárkezelésben részesültem, most pedig agyvérzést kaptam.

Az agyvérzés: amely megváltoztatta az életemet

Körülbelül abban az időben, amikor a lányom beért a kórházba, elveszítettem az eszméletemet. Ezzel párhuzamosan másfél órán belül megkaptam azt az injekciót, amely az életben maradásom szempontjából elengedhetetlen volt. Feküdtem az ágyban, a számból és az orromból csövek lógtak ki, én pedig egyre távolabb sodródtam az öntudatnélküliség világába. Éreztem némi fájdalmat, de csupán tudattalanul. Rose szólt Jennifernek, hogy elveszítettem az eszméletemet; az orvosoknak és a nővéreknek pedig sok munkájába került, hogy visszahozzanak erre a világra. Sem Rose-t, sem Jennifert nem ismertem fel. Később Jennifer felhívta a fiamat, Mike-ot Madisonban, aki hajlandó volt másnap ide utazni. Rose értesítette Randyt Orilliában; ő is készségesen eljött. Rose minden éjszakát a kórházban töltött, és az ápoló személyzet is igazán törődött velem. Másnap reggel megérkezett Mike. A rákövetkező napon pedig a menyem és az unokám is meglátogattak; beszéltek hozzám, de én nem, vagy csak egy távoli, elrévedező tudatállapotból reagáltam. Közben a másik fiam, Randy is megérkezett, de őt

Az agyvérzés: amely megváltoztatta az életemet

sem ismertem fel. A családom aggódott miattam, beszéltek hozzám, de alig értettem, hogy mit mondanak. A tudatos világ és az elme eszméletlen állapota között lebegtem. Érzékeltem magam körül a rokonaim jelenlétét, de képtelen voltam bármilyen jelzést adni nekik.

Egy hét elteltével az orvos azt mondta a nejemnek, barátkozzon meg a gondolattal, hogy a továbbiakban fogyatékosként fogok élni. Ez megváltoztathatatlan állapot lesz, ha egyáltalán életben maradok. Egy komoly agyvérzéssel álltunk szemben, s valószínűnek tűnt, hogy részlegesen lebénulok. A második héten a családomat arról tájékoztatták, hogy életben maradásom kétségesnek látszik. Az állapotom rosszabbodott, az orvosok az agyvérzésemet tartósan fennállónak nyilvánították, ezért kómába helyeztek. Egy hetet töltöttem ebben a stádiumban, majd újra visszaállították az eszméletlen állapotot. Ekkor már senkit sem ismertem fel, csak feküdtem, és csupán a vegetatív életfunkcióim működtek. A lányom ma úgy meséli, hogy minden

Az agyvérzés: amely megváltoztatta az életemet

felszerelést, ami a szobában volt, kapaszkodóként használtam.

Néhány nappal később a feleségem és Randy fiam meglátogatták az üzlettársamat, Nishith Goelt, és tájékoztatták az állapotomról. Ő azzal bíztatta Rose-t, hogy túl fogom ezt élni, és kijelentette, hogy a maga részéről minden tőle telhetőt meg fog tenni ennek érdekében. Nishith biztosította Rose-t, hogy az irodám várni fogja az újbóli munkába állásomat, illetve hogy a cég addig is rendben fog működni. Komolyan támogatta a családomat, és minden héten felhívta Rose-t, hogy az állapotom alakulásáról érdeklődjön. Ebből megértettem, azt szeretné, hogy visszanyerjem munkavégző képességemet; ami megnyugtató volt számomra. Én tudós ember vagyok, több mint 35 cikk írója, egy könyv társszerzője és tudományos konferenciákon előadó. A cégen belül magasbeosztású tagként dolgoztam, szerződésem volt a Természeti Erőforrások Minisztériumával, valamint a Haderővel, és én végeztem a társaságon belüli kutatási és fejlesztési feladatokat. Több országot beutaztam; az elmúlt évtizedben 14

Az agyvérzés: amely megváltoztatta az életemet

alkalommal voltam Indiában. Ezt megelőzően jártam Magyarországon (a szülőhazámban), ahol saját irodám és gyáram volt; aztán Oroszországban is megfordultam üzleti tanácsadás okán, Kínában pedig projektértékelés céljából; Argentínába üzleti utazást tettem, Brazíliában projektmenedzsment feladatokat láttam el. Volt egy nemzetközi vállalatunk, amelyiknél a nemzetközi tanácsadási tevékenység nagy részét én végeztem. Kanadában működtettem egy céget, amely kutatással és fejlesztéssel foglalkozott. Most pedig agyvérzést kaptam, és az orvosok azt mondták, fogyatékos maradok.

Körülbelül 14 nappal később a nejem elhívott egy papot, hogy imádkozzon értem. Úgy tűnt, észleltem a papot, és csendesen együtt imádkoztam vele. Egyidejűleg láttam Rose-t, amint a pappal imádkozott; s a nejem jelenléte bátorítólag hatott rám. Miközben arra nem voltam képes, hogy kommunikáljak a családommal, egy halovány érzés azt mondta: ki fogok tartani. A pap jelenléte volt az első dolog, amit az agyvérzést követően érzékeltem. Látogatása és Rose-zal közös imája érzékelhetővé tette számomra az isteni irgalmasságot. Emberi kommunikációra még mindig képtelen voltam, de a családom támogatása bátorítólag hatott rám.

A pap látogatását követően már meghallottam az emberi beszédet, de az értelmét még nem fogtam fel. Hallhattam, amint az orvos azt mondja a feleségemnek, hogy fogyatékkal élő maradok, ágyhoz kötve, segítséggel fogok tudni enni, a mosdóba kijutni, egyszóval állandó ápolásra szorulok majd. Tudatában voltam a körülöttem zajló beszélgetésnek, de bekapcsolódni nem tudtam.

A 4 hét kórházi lábadozás kemény próbatétel volt számomra. Láttam a családtagjaimat, amint körülöttem beszélgettek, naponta meglátogattak, de én nem tudtam beszélni velük. Láttam, hogy eljöttek az unokáim is, de ők nem értették, hogy élet-halál harcot vívok. A lábamon és karomon kívül, melyek bénának tűntek, korlátozott mértékben voltam mozgásképes. A számban lévő csövek bosszantottak, ezért megpróbáltam kivenni őket, ám az ápolók visszatették, hogy némi levegőhöz juthassak. Felépültem a bénulásból, észleltem a rokonaimat

Az agyvérzés: amely megváltoztatta az életemet

magam körül, de hozzájuk szólni nem tudtam. Képes voltam látni az embereket, az orvosokat, az ápolókat és a látogatókat, de egyikükkel sem tudtam kommunikálni. A tudatos és a képzeletbeli világ állapotában voltam; szerettem volna kapcsolatba lépni másokkal, de a szám nem engedelmeskedett. Ki tudtam mondani egyes szavakat, de nem teljesen érthetően.

Aztán körülbelül 4 hét elteltével kinyitottam a szemem és észrevettem, hogy Rose fogja a kezem. Szóra nyílt a szám és köszöntöttem; "szia" – mondtam neki. Ezt meghallva Rose nagyon izgatottá vált, hogy köszöntöttem őt. Áthívta az ápolót, és mindketten beszéltek hozzám. Hozzávetőlegesen megértettem, amit mondtak, és megpróbáltam néhány szóval válaszolni. Az első kommunikációs próbálkozásaim egyike az volt, hogy megtudakoltam, mennyi ideje vagyok a kórházban. Amikor Rose azt válaszolta, hogy négy hete, meglepődtem, milyen gyorsan telik az idő. A szókincsem körülbelül 20 szóból állt, de kommunikációképes voltam. Majdnem mindent megértettem, amit mások mondtak nekem, de a szavak megválasztására irányuló készségem nehezen fejlődött. A képeken mutatott szavak nagy részét nem tudtam értelmezni, de ha szóltak hozzám, megértettem. Amikor elkezdtem mozgatni a lábujjaimat, hatalmas örömöt jelentett, hogy már nem vagyok teljesen béna. Volt számomra egy csöpp remény. A bénulás kihatott a beszédemre, és mozgásképességem is csökkent.

Alig vártam, hogy találkozhassak az orvossal. Mikor megkérdeztem őt az állapotomról, nagyon óvatos volt és azt mondta, hogy rengeteg nehézséggel kell majd szembenéznem. Elmondta, hogy egy súlyos agyvérzésen vagyok túl, illetve, hogy az ér a bal agyféltekémben megpattant, és ez kihatott a jobb agyféltekés motorikus képességeimre. Bár ennek a hatásnak számos variációja létezik, úgy tűnt, hogy esetemben a megbetegedés a jobboldali mozgáskészséget befolyásolja, és a beszédkészség lecsökkent állapotát eredményezi. Megkért, emeljem meg a lábam, de csak a lábujjaimat tudtam felemelni, a jobb kezemet pedig csak mozgatni tudtam. Az orvos megkérte az ápolókat, hogy helyezzenek tolószékbe.

Az agyvérzés: amely megváltoztatta az életemet

Belecsavartak egy takaróba, amely egy betegemelőhöz kapcsolódott; így kiemeltek az ágyból, majd egy székhez vittek, amely az ágy mellett állt. Hihetetlen volt; egyáltalán nem bírtam mozdulni, csak feküdtem a takarón, ők pedig leemeltek az ágyról. Az első ilyen alkalommal fáradt voltam, és fél óra elteltével már vissza akartam feküdni az ágyba. Az idő múlásával azonban képes voltam elnyújtani az átmozgatás időtartamát egy órányira, majd újra készen álltam az ágyban fekvésre. Miközben az ágyon feküdtem, azon gondolkoztam, hogy nyomorék maradok; a lábam mozgásképtelen, a bal karom korlátozottan mozgásképes, és két ember segítségére volna szükségem, hogy kijussak a WC-re. Nem akartam így élni. Még akkor eldöntöttem, mindent meg fogok tenni, hogy felkeljek és újra járjak. Ezért megkértem Rose-t és Jennifert, hogy toljanak körbe az osztályon, én pedig a kintről beragyogó napfényt figyeltem. Tavasz volt. Télen érkeztem a kórházba, most pedig már tavasz volt.

Láttam más tolószékhez kötött és ágyban fekvő betegeket is a klinikán. Ez volt számukra a

Az agyvérzés: amely megváltoztatta az életemet

rideg valóság, és az orvos előrejelzése szerint engem is ez várt. Én azonban nem álltam rá készen, hogy elfogadjam a doktor jóslatát; teljes szívvel küzdöttem ellene.

Mindazonáltal jelenleg ágyban fekvő, részlegesen mozgásképtelen beteg vagyok. Közben, lebénulásom esetére, egyre erőteljesebben jelentkezett nálam az öngyilkosság gondolata, de a családtól kapott támogatás legyőzte bennem ezt az elhamarkodott halálvágyat. Ezt a tanulságot a jövőre vonatkozóan is szeretném magammal vinni.

Március végén a kórház átszállíttatott a Saint Vincent klinikára, ahol mozgássérült betegeket kezeltek. Mozgássérültként bántak velem. A kórház tele volt tolószékkel, csak az ápolók, a személyzet és a betegekről gondoskodó látogatók közlekedtek kerekesszék nélkül.

Az új helyen a szobám két páciens számára is elég nagy volt, de egyedül helyeztek el. Erre a helyre mentővel hoztak át, a tolószékemmel és a betegemelővel együtt, amit arra terveztek, hogy átemeljenek a tolószékbe. A lábaim egyáltalán nem

Az agyvérzés: amely megváltoztatta az életemet

voltak hajlandók együttműködni. Egyhuzamban két órán át tartózkodhattam a tolószékben, aztán vissza kellett feküdnöm az ágyba. Két ember kellett hozzá, hogy átemeljenek, akárcsak ahhoz, hogy kijussak a WC-re, illetve a mosakodáshoz, és eleinte egy hivatásos ápoló etetett. Többnyire az ágyban feküdtem és nehezemre esett a lábaim megmozdítása. Az orvos viszont azt mondta a nejemnek, hogy megfelelő együttműködést mutatok, és van némi remény, hogy felépüljek mozgássérült állapotomból. Örültem ennek a hírnek, és kezdtem bízni abban, hogy újra járni fogok. A feleségem mindennap meglátogatott, kivéve a vasárnapot, amikor a lányom jött el a gyerekekkel. Az első szombaton felkeresett egy apáca, s amikor megtudta, hogy katolikus vagyok, meghívott, hogy menjek el a vasárnapi misére. Amikor beleegyeztem, a nejem felajánlotta, hogy elkísér a misére. Így vasárnap korán felkeltem, ketten kiemeltek az ágyból, átültettek a tolószékbe, megreggeliztem és készen álltam az elindulásra. A nejem 15 perccel az indulás ideje előtt ért be hozzám, és amint éppen kitolt a kórteremből,

Az agyvérzés: amely megváltoztatta az életemet

megérkezett az apáca is, hogy a feleségem segítségére legyen. Engem az egyik 4. emeleti szobában helyeztek el, a templomi szolgálat pedig két emelettel feljebb, a 6. emeleten volt. A helyiség zsúfolásig telt tolószékekkel; a feleségem előre gördített a második sorig, neki pedig a szélen jutott hely. A sorban ülők mindegyike egy-egy beteg volt, a látogatók pedig oldalt helyezkedtek el. A pap munkáját négy apáca segítette. A mise előírás szerint zajlott, a Szentáldozáskor a pap mindenkihez odalépett, megáldott minket és adott a szentelt ostyából. Az istentisztelet alatt azon tűnődtem, hogyan találhatnék kiutat ebből a helyzetből, és hogyan lehetnék képes újra járni. Most még csak a lábujjaim és a lábam egy része mozgott. A mise egy órát vett igénybe, utána visszamentünk a szobába. Amikor visszaértünk a helyiségbe, segítséget kértem az ágyba fekvéshez; ekkora energiaráfordítás kifárasztott.

Miközben egyedül voltam és az ágyban feküdtem, elképzeltem, hogy megint képes leszek járni. Elkezdtem mozgatni a lábaimat, aztán pedig a

Az agyvérzés: amely megváltoztatta az életemet

karjaimmal próbálkoztam. Nehéz volt, de reménykedni kezdtem benne, hogy újra járni fogok. Napi fél órát gyakoroltam, a mozgáskészségem pedig kezdett visszatérni. A karom egészen kismértékben volt csak használható, és a lábamnak is több időre volt szüksége.

A rákövetkező hétfőn az ápoló két másik ember kíséretében állított be hozzám; a látogatók fizioterapeuták voltak; egyikük mozgásterapeuta, a másikuk beszédterapeuta. Ezzel kezdetét vette számomra a fizio- és mozgásterápia. Néhány gyakorlatot terveztek a számomra. Először a beszédterapeuta foglalkozásán vettem részt. Az eredmény érdekes volt. Az ábrákat nézegetve megpróbáltam leírni a jelentésüket, ám ez számos alkalommal nem sikerült. A képekre, amelyeket korábbról ismertem, nem találtam a szókincsemben megfelelő leíró szót, de amikor a beszédterapeuta kimondta, megint összekötöttem az összeillő tartalmakat. Azt vettem észre, hogy a szókincsem az agyvérzés következtében meglehetősen lecsökkent, de a beszédértési képességemet alig befolyásolta.

Az agyvérzés: amely megváltoztatta az életemet

Amikor újra a gyakorló helyiségbe indultam, rám köszöntött a valóság. A lábaim mozgatása komoly megerőltetést jelentett; a bal lábam némi segítséggel együttműködött, míg a jobb megmakacsolta magát, és a jobb karom sem volt szolgálatkész. A mozgásterapeuta, Chantelle nagyon segítőkész magatartást tanusított, és támogatta kitartó próbálkozásomat. Vártam a vele való találkozásokat, és az állapotom érezhetően javult. Gyengéden, de határozottan gondoskodott a szükségleteimről. Segített eljutnom a tolószékig, és bizonyos mértékű gyakorlási lehetőséget is biztosított. Ugyanebben az időben, fáradozásaim eredményeképpen, állapotomban látható javulás mutatkozott.

Az agyam visszajutott a bénulást megelőző állapotába. 32 éves koromban (két évvel azután, hogy Rose és én összeházasodtunk, vagyis összesen 38 évvel ezelőtt) a Mary Strumpellről elnevezett spondilítiszt, vagy más néven Spondylitis Ankylopoeticát (AS/SPA vagy Brechterew-kór) diagnosztizáltak nálam. A Spondylitis Ankylopoetica

Az agyvérzés: amely megváltoztatta az életemet

egy nagyon fájdalmas, a gerinc elgyengülésével járó megbetegedés. Elhanyagolása a gerincoszlop csigolyáinak idült gyulladásához vezethet. Az Ankylosing spondylitis-szel egyidejűleg fellépő más panaszok közé tartoznak az iritisz (a szem szivárványhártyájának gyulladása), a plantaris fascia (sarokfájdalom), az anémia (vérszegénység) és az energiavesztés. Ha hajlott hátú férfit vagy nőt lát, ők valószínűleg spondilítiszben szenvednek.

Tehát 32 évesen arra készültem, hogy a lassan előrehaladó betegség következtében egy éven belül tolószékbe kényszerülök. Ezen el kellett gondolkoznom. Akkoriban erdőmérnökként dolgoztam, és meglehetősen sok időt töltöttem külterületen; fenyőfákat emeltem, leveleket és ágakat égettem szárazsúlyra. Ilyen munkát tolószékben ülve nem lehet végezni. A mesterfokozat megszerzése keretében informatikai tanulmányokat folytattam, tehát foglalkozhatnék még szárazanyag kinyeréssel, illetve a különböző fafajták specifikus sűrűségének vizsgálatával. Tanulmányoztam továbbá a fák fatörzsön belüli szárazanyag-eloszlását, illetve

Az agyvérzés: amely megváltoztatta az életemet

ugyanezt az egyes fafajtákra vetítve. Gondos megfontolást követően az erdei munkáról a statisztikák területére tettem át a tanulmányaimat. Felkészültem a tolószékes munkavégzésre. Ez volt az első alkalom, hogy kommunikációs különbségeket tapasztaltam. Meg kellett kérnem a nejemet, hogy vigyen be az irodába, én pedig kezdtem hozzászokni a problémához. Statisztika szakos hallgató voltam, és az életem új irányt vett; az erdei munkavégzésről áttértem a könyvek, a statisztika tudomány világába. A nejem mellettem állt az átköltöztetés során; mindennap elvitt az irodába, majd a munkaidő elteltével értem jött. Néhány hónappal később a lábam megerősödött, és egy bot segítségével ismét járni tudtam. Rengeteg munkámba került, hogy a lábaimat jó kondícióba hozzam, és sok idő telt el, míg lábra álltam, ám elhatározásom rendíthetetlen volt. Lábra bírtam állni, mozgatni tudtam a lábaimat, és fokozatosan újra képessé váltam a járásra. Betegségem körülbelül egy évig húzódott el, de a gyaloglásban ügyesebb lettem. Az orvos valójában átsorolt egy olyan statisztikai tanulmányba, amely megkérdőjelezte az első diagnózist. Kezelőorvosok egész csoportja vizsgált meg és jutott arra a végeredményre, miszerint kialakult nálam a betegség, de elszántságom segítségével úrrá tudtam lenni rajta. A szellem győzelme az anyag fölött felbátorított a lebénulásból való felépülésre.

Mindazonáltal a probléma meglehetős kihívást jelent. Részben nyomorék vagyok, egy kórházi ágyban fekszem, és az orvosok azt mondják a nejemnek, hogy mozgássérült maradok. Még többet kell dolgoznom azon, hogy újra járni tudjak. Újra járni fogok, de ez sokkal több erőfeszítést és elszántságot fog igénybe venni.

A TÁVOLI VILÁG

Fiatalabb koromban nagy hatással volt rám a nagyapám, aki azt mesélte, hogy létezik egy nagy és távoli világ, ahol az emberek boldogan élnek. Álmomban meg akartam tapasztalni ezt a helyet, és amikor megszidtak, oda akartam menni. Mindössze hároméves voltam, amikor a mamám megszidott, én pedig elindultam a nagyvilágba. Kértem a mamámtól néhány szendvicset, bepakoltam őket egy táskába és elindultam.

A falusi pap, aki rólam ezt a képet készítette (1. kép), megkérdezte tőlem, hogy létezik-e távoli világ, mire azt válaszoltam, hogy igen, a következő faluban, ahol a keresztanyám lakik. Néztem a fényképezőgépet, ahonnan, ahogy a pap mondta, a kismadár kirepül, amikor a fotó készül. A falusi pap egyszerre fotóművész is volt, és rengeteg, a faluról készült képet hívott elő a boldogabb időkben. A képet későbbi években egy kiállításon is bemutatták.

Az agyvérzés: amely megváltoztatta az életemet

Édesanyám, aki eddig az ablakból figyelt, előjött, és szokásos nevetésével a paptól hazáig kísért.

1. kép: Frank világgá megy

Az agyvérzés: amely megváltoztatta az életemet

Falun nőttem fel, és a nagyapám személye erősen hatott az életemre. Magával vitt, hogy segítsek legeltetni a teheneket, és történeteket mesélt a nagyvilágról. Elbeszéléseit olyan hitelesen tudta elmondani, hogy azt képzeltem, magam is ott vagyok, és nézem, ahogy az emberek dolgoznak, a játszótéren játszanak, lefekszenek és felkelnek másnap reggel.

A második világháború vége táján a frontvonal a falunkon húzódott keresztül, mi pedig földalatti bunkerekbe rejtőztünk. Édesapám és nagyapám nagy bunkert ástak a hátsó udvarban, befedték, mi pedig szalmát és takarókat vittünk le magunkkal, elrejtőzve a harcok elől. Öt és fél éves voltam, amikor leckét kaptunk túlélésből. Amikor odakint a hátsó udvarban emberek voltak, csendben kellett lennünk, hogy a katonák fel ne fedezzenek bennünket.

Édesapám a biztonságos időszakokban meglehetősen sok időt töltött a bunkeren kívül, hogy ellássa a lovakat, teheneket, csirkéket és más jószágokat. Egy napon egy orosz katona elkötötte az egyik lovunkat. Apám birokra kelt vele, a temető

Az agyvérzés: amely megváltoztatta az életemet

mellett dulakodtak. Édesapám végül a temetőbe lökte a katonát, az pedig apám lelövésével fenyegetőzött. Nagyapám közbelépése mentette meg apámat a lelövéstől, a katonának adta a lovat. Nagyapám kegyetlenségnek tartotta a háborút, amelynek azért teszik ki a politikusok az embereket, hogy azok még több szenvedést viseljenek el. Ez életem korai szakasza volt, és kinyitotta a szemem az emberi szenvedésre. Amikor az oroszok jöttek, anyámat el kellett rejtenünk a fészerben, hogy megóvjuk a megerőszakolástól. Egy nap apám és én bementünk a házba némi élelemért, de belekeveredtünk egy légitámadásba és vissza kellett jutnunk a bunkerbe. Apám a karjára vett és rohant a bunkerig, eközben gépfegyverekkel támadták a falakat. Visszajutottam a bunkerbe, de másnap reggel láttuk a gépfegyverek nyomait a falban, amely mögé apám rejtőzött. Az elmém elkalandozott a messzi nagyvilágba, ahol az emberek boldogan és békében éltek.

Amikor vége lett a háborúnak, életünk folytatódott, de az orosz megszállás egyre elviselhetetlenebb lett. A jól induló rendszer Sztálin és

Az agyvérzés: amely megváltoztatta az életemet

a magyar államfő, Rákosi működésének következtében egyre tűrhetetlenebbé vált. A szovjet diktátor tekintélyelvű személyiség volt, a falusi emberek pedig nem mertek az oroszok ellen szólni.

Boldogabb időkben a szüleim és én együtt nevettünk az udvarban és élveztük a táj adottságait. A 2. kép a szüleimet és engem ábrázol; a 3. pedig a házat, ahol éltem, míg a 4. a nagyapám családját.

Az agyvérzés: amely megváltoztatta az életemet

2. kép: Édesanyám, édesapám és én

3. kép: A családi otthon

Az agyvérzés: amely megváltoztatta az életemet

4. kép: Nagyapám és családja

Édesapám a képen jobb oldalt látható; nagyapámnak és nagyanyámnak összesen 6 gyermeke született. Nagyapám térdén szoktam ülni, ő pedig történeteket mesélt a nagyvilágból.

Apám végig harcolt a kommunisták ellen; amikor megszüntették a termelést a farmon, a szövetkezetekbe kényszerült. 1952-ben befejeztem az elemi iskolát és az erdőben kellett munkát vállalnom, hogy pénzt keressek a család számára.

Az agyvérzés: amely megváltoztatta az életemet

1952. telén édesanyámnak és nekem három mérföldet (majnem öt kilométert) kellett gyalogolnunk, hogy makkot gyűjthessünk. Az összegyűlt termést malactakarmánynak adtuk el, hogy legyen pénzünk kenyérre. Jómagam 10 kilométert szoktam gyalogolni a pékségig, hogy egy kis kenyeret vehessek.

Az ellenzéki pártok feloszlottak, és a kereskedelmi tömörülések működésképtelenné váltak; a templomok a kommunisták elleni ellenállás legfőbb fórumaivá lettek. A kormányzat a földreform foganatosításával kisajátította az egyházi tulajdont, és 1948. júliusában államosították az egyházi iskolákat. A protestáns egyházi vezetőknek sikerült megegyezniük a kormánnyal, de a római katolikus egyház feje, Mindszenty József bíboros ellenállt. 1948. december 26-án letartóztatták. Rákosi, a kommunista párt feje és Kádár, a belügyminiszter, előre eldöntötték, mit kell Mindszentynek meggyónnia, és Péter Gáborra hárult a feladat, hogy a vallomásra rávegye. A vád az volt, hogy a bíboros a magyar kormányzat demokratikus rendje ellen tevékenykedik, külföldi kém, pénzmosási ügyekbe

Az agyvérzés: amely megváltoztatta az életemet

bonyolódott, támogatta a fasisztákat (pedig korábban a Nyilas Párt bebörtönözte) és megpróbálta megszervezni a Habsburgok visszatérését, hogy meghiúsítsa a magyar emberek demokratikus kormányzását. Mindszenty természetesen tagadta ezeket a hamis vádakat, így megkezdődött a kínzás. Mindszentyt az AVH főhadiszállására vitték, amely az Andrássy út 60. szám alatt volt, és egy fűtetlen pincehelységbe zárták (december 26-án). Az AVH emberei szétszaggatták a ruháit, eközben kigúnyolták és olyan csíkos ruhát adtak rá, amilyenbe a bohócok szoktak öltözni. A kihallgatás vezetője (egy AVH ezredes) így szólt hozzá: „Jobb volna, ha megértené, hogy a vallomás nem az, amit el szeretne mondani, hanem az, amit mi hallani akarunk." Így a rendőrség jegyzőkönyvezett néhány mondatot és megpróbálta rávenni a bíborost, hogy írja alá. Ő ezt visszautasította azzal, hogy ebben nem az áll, amit ő elmondott. Ez felbőszítette a kihallgatókat és elkezdték gumibottal ütlegelni. Egy másik kihallgató tiszt lépett a helyiségbe; a bíboros mellé érve lendületet vett és nehéz csizmájával hasba rúgta.

Az agyvérzés: amely megváltoztatta az életemet

Aztán addig ütötte a bíborost a gumibottal, amíg a kihallgató belefáradt. A bíboros még ekkor is visszautasította a "vallomást". Másnap mutattak neki egy újságcikket, amely a nemzeti napilapban, a Szabad Népben jelent meg, és arról tudósított, hogy Mindszenty minden "bűnét" bevallotta. Ennek ellenére folytatódott a kínzása, még mindig rá akarták venni a vallomás aláírására. Az AVH orvosai rendszeres időközökben kivizsgálták az állapotát és megpróbálták rákényszeríteni, hogy szedjen be gyógyszereket, amelyekről Mindszenty úgy vélte, tudatbefolyásoló szerek, ezért visszautastotta a lenyelésüket. 39 napon keresztül testi és lelki kínzásoknak volt kitéve, míg végül öntudatlan állapotba került. A kínzások többnyire éjszaka történtek, így kevés lehetősége volt az alvásra. Mivel visszautasította az aláírást, a kihallgatók végül ráhamisították a kézjegyét a vallomást tartalmazó papírlapra, amelyet Péter Gábor AVH tábornok és a kihallgatást vezető Décsi ezredes készítettek el. 1949. február 3-án az orvosok felkészítették a bíborost a "kirakatperre" és február 8-án Rákosi

Az agyvérzés: amely megváltoztatta az életemet

bábbírója, Olti Vilmos, életfogytig tartó börtönre ítélte Mindszenty bíborost.

5. kép Mindszenty kirakatpere. Rákosi szemüvegben

A totalitariánus kommunizmus csúcsidőszaka ténylegesen 1949. és 1953. között valósult meg. Ez volt Magyarország történelmének legsötétebb időszaka, telve illegális tevékenységekkel, szadista ellenőrzésekkel, melyeket 3 vezető hivatalnok valósított meg: Rákosi Mátyás (a Kommunista Párt

Az agyvérzés: amely megváltoztatta az életemet

főtitkára és 1948. után a Magyar Munkáspárt), Farkas Mihály (honvédelmi miniszter) és Gerő Ernő (a Magyar Munkáspárt főtitkár helyettese és pénzügyminiszter). A szadista trió tekintélyelvű diktatúrát tartott fenn olyan félelemkeltő taktikák segítségével, mint az előző rezsim vezetőinek, a trió számára veszélyesnek tűnő magas beosztású kommunistáknak a bebörtönzése és kivégeztetése, vallási vezetők és kommunista elvtársak hamis megvádolása olyan bűnökkel, amelyeket ők maguk követtek el. Ez utóbbi akkor következett be, amikor Moszkvába kérették őket. Számos bűnt követtek el az emberiség ellen. A következő összefoglaló valósághűen mutatja be azt az eljárási módot, amely teljes mértékben figyelmen kívül hagyott mindenfajta törvényességet, illetve az élet szentségének sérthetetlenségét. 1950-ben Rákosi irányítása alatt az ÁVH számos munka- és koncentrációs tábort hozott létre politikai foglyok számára. E táborok közül a leghírhedtebb Recsk volt, Heves megyében, Észak-Magyarországon (a Mátra hegységben), ahová 1580 magyar állampolgárt internáltak a kőbányákba, nehéz

Az agyvérzés: amely megváltoztatta az életemet

fizikai munkavégzés céljából. A nagybátyám fogoly volt ebben a táborban. Rákosi álláspontja az volt, hogy a politikai foglyokat nemcsak bebörtönözni kell, hanem kínzásnak és nehéz fizikai munkának is ki kell tenni, szovjet stílusban. Ezeket a foglyokat tárgyalás nélkül internálták. Mivel az ilyen táborok létét titkosnak vélték, az agyonverésekről és az agyonvert foglyokról nem vezettek nyilvántartást. A politikai foglyokat arra kényszerítették, hogy félig halálra éheztetve és fogvatartóik által rendszeresen veretve a kőfejtőkben dolgozzanak. Számos fogoly belehalt a kimerültségbe vagy a kőomlásokba, vagy még gyakrabban a fedetlen, iszapos gödrökben való alvásba. Az AVH ugyanolyan kegyetlen szervezet volt, mint az SS vagy a KGB, de talán még túl is szárnyalta azok embertelenségét. A titkosrendőrség célja az volt, hogy megóvja a kormányzatot, de a kormányt csak a kommunista párttal, és azon belül is elsősorban a hatalmi pozíciót képviselő vezetőkkel azonosították. A nagybátyámat, Istvánt, 5 évig tartották fogva Recsken; ő megpróbálta átlépni a jugoszláv határt, de a határőrök visszaszolgáltatták a magyarországi vezetésnek. Akkor engedték el, amikor Nagy Imrét miniszterelnökké választották.

Imre a második világháború idején Rajk László, a Spanyol Polgárháború veteránja és korábbi egyetemi kommunista vezér irányítása alatt, egy kommunista csoport tagja volt, mely földalatti tevékenységet folytatott Magyarországon. Egy második egységet Rákosi Mátyás irányított Moszkvából. Miután 1944. szeptemberében a Szovjet Vörös Hadsereg bevonult Magyarországra, Rajk szervezete előjött rejtekéből, és a Rákosi csoport is visszatért. Rákosi szervezete politikai kapcsolatokat épített a szovjetekkel, befolyást nyert a párton belül, s a moszkvaiak és Rajk követőinek konkurenciájává fejlődött.

Rákosi önmagát a "Sztálin leghűségesebb magyar követője" és a "Sztálin legjobb diákja" jelzőkkel írta le. Ő alkotta meg a "szalámi taktika" kifejezést is, mely az ellenfél szeletről szeletre történő kiiktatását jelentette.

1946-ban Rajk megszervezte a Magyar Kommunista Párt magánhadseregét, a kegyetlen

Az agyvérzés: amely megváltoztatta az életemet

titkosrendőrséget (AVH). A "fasizmus és a reakciósok elleni küzdelem" és a "proletáriátus hatalmának megóvása" címszavak álcája alatt tiltólistára tettek és kiiktattak számos vallásos, nemzeti, demokratikus és kívülálló csoportot.

A kommunista belső harc a Tito-ellenességet használta fel annak biztosítására, hogy megszabaduljon azoktól a kommunistáktól, akik fontosnak tartották a nemzeti büszkeséget és egy bizonyos fokú függetlenséget, és különösen azoktól, akik nem részesültek szovjet kiképzésben. Rákosi Rajk személyétől fenyegetve érezte saját hatalmát, ezért úgy döntött, hogy hamis vádakkal gyanúsítja meg, azt állítva, hogy Tito ügynöke, és letartóztattatta 1949-ben. Rákosi azért komponálta meg Rajk látványperét, hogy kedvére tegyen Sztálinnak, aki heves ellenérzésekkel viseltetett Tito iránt. Rajkot egy "kirakatperben" halálra ítélték és felakasztották.

1949. és 1952. között a Rákosi rezsim politikai tisztogatás keretében magyar családokat deportált kényszermunkatáborokba. 13 ilyen tábor létezett, melyekben 2.500 család élt, ami összesen körülbelül

Az agyvérzés: amely megváltoztatta az életemet

8.000 foglyot jelentett; az egészséges férfiakon és nőkön kívül gyermekeket és időseket is beleértve. Ezekről a deportálásokról nem bíróság döntött, hanem csupán a helyi kommunisták és a politikai rendőrség. Rákosi tekintélyelvű uralkodást és totalitariánus kommunizmust kényszerített Magyarországra. Becslések szerint kb. 2000 embert végeztek ki és több mint 100.000 főt börtönöztek be. Ezt a politikát a Magyar Munkáspárt néhány tagja ellenezte, ezért Rákosi közel 200.000 tagot kizárt a pártból.

1953-ban megengedték, hogy folytassam a tanulmányaimat, de még képes voltam álmodni a nagyvilágról, amelyről nagyapám mesélt. Tehát, amikor 1956-ban kitört a forradalom, 4. évfolyamos gimnazistaként csatlakoztam a szabadságharcosokhoz.

A forradalom első napján hazamentem a falunkba és láttam, ahogy a felkelés végbemegy. A faluban sok minden történt; többnyire ajtóról ajtóra terjedő pletyka járt, a falusi pap pedig azt javasolta, hogy tartsanak esti misét. A szertartást nem hirdették

Az agyvérzés: amely megváltoztatta az életemet

meg, csak a templomi harang hívogatta az embereket istentiszteletre. Dr. Lenarisics, a falu papja, csak szólt az embereknek, akik segítettek neki megkongatni a harangot délután 5 órakor, aztán a második alkalommal negyed hatkor, illetve harmadszor este fél hatkor. Fél hat körül a templom zsúfolásig telt várakozó emberekkel, akik a lelkipásztor közleményét akarták hallani. A pap megtartotta a misét, majd amikor a falusi ügyek kerültek szóba, kihirdette, hogy támogatja a felkelést. Szenvedélyesen képviselte a forradalom gondolatát, és azt javasolta, hogy küldjenek élelmiszert a harcoló diákoknak Budapestre. Aztán a misét követően felszólított valakit, hogy mondja el Petőfi versét (amelyet a költő 1848-ban az osztrákok elleni felkelés idején írt). Éppen kifelé jöttem a templomból, amikor Dr. Lenarisics megkért, hogy mondjam el a verset (falusi ünnepeken mindig én mondtam ezt a verset). Akkor rákezdtem:

Talpra Magyar, hí a haza!
Itt az idő, most vagy soha!

Az agyvérzés: amely megváltoztatta az életemet

Rabok legyünk vagy szabadok?
Ez a kérdés, válasszatok!
A magyarok istenére
Esküszünk,
Esküszünk, hogy rabok tovább
Nem leszünk!

Rabok voltunk mostanáig,
Kárhozottak ősapáink,
Kik szabadon éltek-haltak,
Szolgaföldben nem nyughatnak.
A magyarok istenére,
Esküszünk,
Esküszünk, hogy rabok tovább,
Nem leszünk!

Sehonnai bitang ember,
Ki most, ha kell, halni nem mer,
Kinek drágább rongy élete,
Mint a haza becsülete.
A magyarok istenére,
Esküszünk,

Az agyvérzés: amely megváltoztatta az életemet

Esküszünk, hogy rabok tovább
Nem leszünk!

Fényesebb a láncnál a kard,
Jobban ékesíti a kart,
És mi mégis láncot hordtunk!
Ide veled, régi kardunk!
A magyarok istenére,
Esküszünk,
Esküszünk, hogy rabok tovább
Nem leszünk!

A magyar név megint szép lesz,
Méltó régi nagy hiréhez;
Mit rákentek a századok,
Lemossuk a gyalázatot!
A magyarok istenére,
Esküszünk,
Esküszünk, hogy rabok tovább
Nem leszünk!

Az agyvérzés: amely megváltoztatta az életemet

Hol sírjaink domborulnak,
Unokáink leborulnak,
És áldó imádság mellett
Mondják el szent neveinket.
A magyarok istenére,
Esküszünk,
Esküszünk, hogy rabok tovább
Nem leszünk!

A eredeti fordítása angolul így hangzik:

On your feet, Magyar, the homeland calls!
The time is here, now or never!
Shall we be slaves or free?
This is the question, choose your answer! –
By the God of the Hungarians
We vow,
We vow, that we will be slaves
No longer!

We were slaves up until now,
Damned are our ancestors,

Az agyvérzés: amely megváltoztatta az életemet

Who lived and died free,
Cannot rest in a slave land.
By the God of the Hungarians
We vow,
We vow, that we will be slaves
No longer

Useless villain of a man,
Who now, if need be, doesn't dare to die,
Who values his pathetic life greater
Than the honor of his homeland.
By the God of the Hungarians
We vow,
We vow, that we will be slaves
No longer!

The sword shines brighter than the chain,
Decorates better the arm,
And we still wore chains!
Return now, our old sword!
By the God of the Hungarians
We vow,

Az agyvérzés: amely megváltoztatta az életemet

We vow, that we will be slaves

No longer!

The Magyar name will be great again,

Worthy of its old, great honor;

Which the centuries smeared on it,

We will wash away the shame!

By the God of the Hungarians

We vow,

We vow, that we will be slaves

No longer!

Where our grave mounds lie,

Our grandchildren will kneel,

And with blessing prayer,

Recite our sainted names.

By the God of the Hungarians

We vow,

We vow, that we will be slaves

No longer!

Az agyvérzés: amely megváltoztatta az életemet

Elszavaltam a Nemzeti dalt, annak minden elképzelhető patetikus felhangjával együtt, kezemet minden egyes szakasznál mellkasomra téve. A vers végén még édesapám is hangosan kiáltotta a refrént:

By the God of the Hungarians
We vow,
We vow, that we will be slaves
No longer!

Hát, a Nemzeti Dal tényleg lázba hozta a falusi embereket; a dolgok gyorsan működni kezdtek és hamarosan a Forradalmi Ifjúsági Tanács választott vezetője lettem. Este 10 óra körül összetrombitáltuk a helyi kommunistákat, hogy ítéletet mondjunk felettük. Meggyőztem a tanácsot, hogy ha majd visszatértünk a hatalomba, próbára tesszük a kommunistákat. Továbbá élelmiszer ellátmányt gyűjtöttünk és szállítottunk Budapestre a szabadságharcosok részére.

Megnyertük a forradalmat és az oroszok kivonultak. Eközben a franciák és az angolok

Az agyvérzés: amely megváltoztatta az életemet

bevonultak Egyiptomba, mire a szovjet kormány még egyszer áttekintette a helyzetet, és a tankok visszatértek Magyarországra. A forradalom rövid életű volt, néhány hét elteltével begördültek Magyarországra az orosz tankok és megölték a felkelőket. Szorult helyzetben voltam; a nagybátyám 5 évet töltött Recsken mint politikai fogoly, én pedig valószínűleg szintén fogoly leszek és kivégeznek. Amikor az oroszok elkezdték bebörtönözni vagy megölni a szabadságharc vezetőit, Ausztriába menekültem. Akkoriban 18 éves voltam, semmilyen más nyelven nem beszéltem, csak magyarul. Álmom, hogy láthassam a "nagyvilágot", valóra vált. Mindazonáltal az általam látottak nagyban különböztek nagyapám történeteitől. Ki voltunk szolgáltatva a rendőröknek, akik megpróbáltak korlátokat szabni a számunkra, és nem mehettünk a tábor területén kívülre.

Az agyvérzés: amely megváltoztatta az életemet

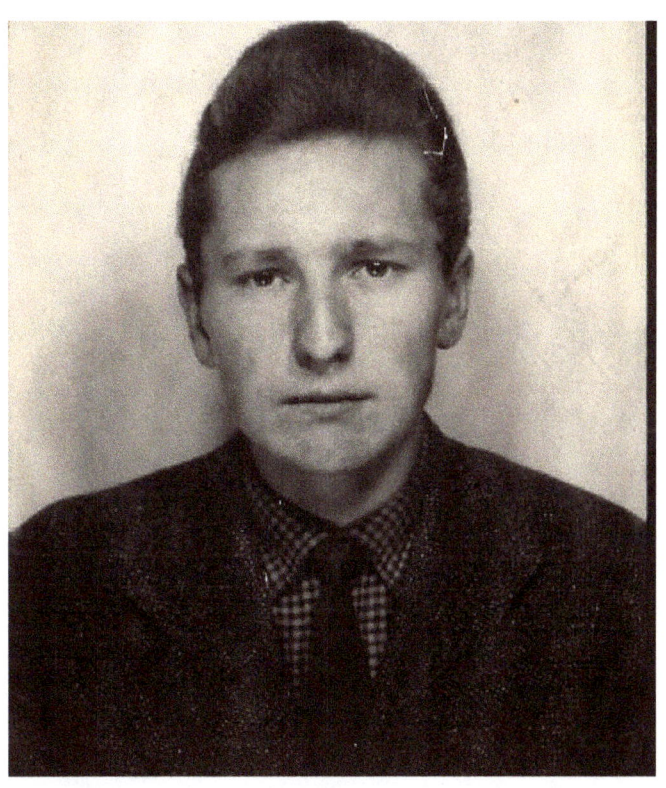

6. kép Az első kép Magyarországról való menekülésemről

Az agyvérzés: amely megváltoztatta az életemet

Az agyvérzés: amely megváltoztatta az életemet

A NAGYVILÁG

A menekülttáborban néhány hétig katonákkal őriztettek bennünket, és a külvilág nem volt számunkra elérhető. Csatlakoztam azokhoz a menekültekhez, akik Angliába készültek. Elhagytuk a Graz közelében lévő tábort és vonattal Salzburgba utaztunk. A vonaton nem volt ennivalónk (kivéve, ha a velünk utazók, akik a kosarukban almát szállítottak, hajlandóak voltak megosztani velünk az ételüket); mire Salzburgba értünk, meglehetősen éhesek voltunk. A Vörös Kereszttől sajtot és gabonát kaptunk. Éhségemben annyit ettem, hogy rosszul lettem. Körülbelül egy óra múlva már úton voltam Londonba, de az út nem volt problémamentes. A szám elé tett zsebkendővel ültem arra az esetre, hogy netán hányni fogok. Először utaztam repülőgépen, így az útnak ezt a részét izgalmasnak találtam.

Amikor Londonban leszálltunk, az aldershoti katonai barakkokba vittek minket; foglyok voltunk, a kapukat mindenütt katonák őrizték és egy táborba

Az agyvérzés: amely megváltoztatta az életemet

voltunk összezárva. A katonák és a kormányzati képviselők tovább kérdezgettek bennünket, hogy kiszűrjék a nyugatra menekülő kémeket. Néhányan eltűntek közülünk, de a fennmaradó rész menekültként ott maradt. Körülbelül egy hétig voltunk a táborban, aztán 10-et közülünk átszállítottak Halifax városba, amely Yorkshire-ben található. Egy hétig laktunk a Salvation Army ifjúsági szállón; a szálláshelyünk kissé dohos volt, az ellátás viszont remek. Később egy házikót béreltünk. Egy angol hölgy, Mrs. Dillinger volt a tolmácsunk és ő segített nekünk a költözésben. Karácsonyt követően munkát kaptam egy textilgyárban, ahol nadrágokat vasaltak. Az unokatestvérem, Imre és egy másik menekült, Zoltán velem egy csoportban dolgoztak; nadrágot vasaltunk. Elkezdődött az életünk az új országban. Az emberek barátságosan és segítőkészen bántak velünk. Elfogadtak és szívesen láttak bennünket.

A kis ház, amelyben éltünk, Halifax külterületén állt, a Hebden Bridge - ahol dolgoztunk - felé vezető úton. A gyárban dolgozó munkásoktól, akik Yorkshire-i akcentussal beszéltek, próbáltam megtanulni

Az agyvérzés: amely megváltoztatta az életemet

angolul. A beszélt angol szerencsére nem volt olyan nehéz, így meglehetősen gyorsan haladtam. Találtam a gyárban egy fiatal hölgyet, aki az irodában dolgozott, és rengeteget segített nekem a nyelvtanulásban. Vasárnap templomba mentem és megismertem egy szimpatikus családot, Mr. és Mrs. Gillespie-t, akik segítettek beilleszkednem a helyi közösségi életbe. Volt két lányuk, Maureen és Kathleen, akik valamivel idősebbek voltak nálam, és magukkal vittek, hogy bemutassanak néhány környékbeli gimnazistának. Ez csodálatos élmény volt, Mr. és Mrs. Gillespie úgy bántak velem, mint saját gyermekükkel. Míg a többi menekült sörözőkben töltötte az éjszakát, nekem a nyelvtanulás intellektuális élményében volt részem. Elmondtam Mrs. Gillespie-nek, hogy a forradalom kitörésekor éppen gimnazista voltam és vágytam rá, hogy folytathassam a tanulmányaimat. Egy napon délután, a munkaidő után Mrs. Gillespie találkozót beszélt meg egy középiskolai igazgatóval, hogy kiértékeljék az oktatásban való részvételem kilátásait. Mivel az angolt nem szabályosan beszéltem, rábeszéltem a tanárt, hogy matematikából vizsgáztasson. Nos, szerencsém volt és megoldottam az első éves egyetemi vizsgafeladatot (a gimnázium utolsó évében a matematika fő tantárgyam volt). A találkozó után Mrs. Gillespie elbeszélgetett velem az egyetemi továbbtanulási esélyeimről. Elmondta, hogy végzős diákként lenne rá lehetőségem, hogy felvételizzek. Beszéltünk a szóba jöhető szakokról; Magyarországon bejutottam a jogra, de Angliában felkészültségem az olyan tanulmányok folytatására tett alkalmassá, mint az erdészet. Magyarországon már tanultam erdőgazdálkodást, dolgoztam a cserjésben egy évet, így a legkézenfekvőbb választásnak ez a szakirány tűnt.

Mrs. Gillespie kiválasztott egy főiskolát Edinburghben, mely Skóciában található és ahova felvételt nyertem. Az érettségit angol nyelven teljesítettem, és december végén négy tárgyból kellett záróvizsgát tennem: állattanból, kémiából, növénytanból és fizikából 30 százalék fölötti eredménnyel, és két kurzus esetében a zárójegynek el kellett érnie az 50 százalékot. Angolul

Az agyvérzés: amely megváltoztatta az életemet

érettségiztem, de a fizetésem körülbelül ugyanannyi maradt, mint amennyi a gyárban.

8. kép Mr. és Mrs. Gillespie és családjuk

9. kép: Mrs. Gillespie velem és Zoltánnal (távolabb)

Az agyvérzés: amely megváltoztatta az életemet

10. kép: Az első év az egyetemen

11. kép: A 21. születésnapi bulim

Az agyvérzés: amely megváltoztatta az életemet

Négy évet töltöttem egyetemi hallgatóként Edinburghben és erdész szakon diplomáztam. A 3. évben megházasodtam, és körülbelül egy évvel később fiúgyermekünk született. A történet, amit nagyapám mesélt a nagyvilágról, valóság lett; olyan életet éltem (némi segítséggel) és képesítést szereztem.

Az agyvérzés: amely megváltoztatta az életemet

EGY ÚJ ÉLET KEZDETE

Diploma után elfogadtam egy hároméves felfedezői munkát az Amazon esőerdőben. Ez nagyon érdekes feladatnak bizonyult; minden évben 3 hónapot töltöttem a dzsungelben. Akkor is ott voltam, amikor Brit Guiana éppen a függetlenségi harcát vívta.

Kedden érkeztünk Georgetownba. 1961. december 4-én találkoztam Mr. Jeffrey Phillips-szel, az erdészeti főigazgató helyettesével, aki elvitt egy vendégházba a Murray utcában. Az utca sétával elérhető távolságon belül volt az Erdészeti Hivatal Kingston úti irodájától, tehát igazán kényelmes volt a helyzetem, mert autóra nem telt. Másnap reggel 8-kor bementem az irodába, hogy beszámoljak Mr. Downak, az erdészeti főigazgatónak. Az irodájába lépve észrevettem, hogy ő volt az az ember, aki arról kérdezett Londonban, hogy szeretnék-e Dél-Amerikában dolgozni. Széles mosollyal köszöntött, én pedig kifejezetten jól éreztem magam az első állásomban. Mr. Dow remek munkát végzett az elirányításomat illetően. Tájékoztatott, hogy Mr. Tom Reese, aki az interjúztatáson szintén részt vett, rövidesen megérkezik, hogy felkészítsen rá, hogyan kell felfedező utakat vezetni a dzsungelben. A munkatársaim segítettek bútorozott albérletet találni Georgetownban, és kivettem egy házat 1962. február elsejétől. Ebben a legtöbb segítséget Mr. Phillipstől kaptam, aki azt ajánlotta, hogy vegyek fel egy házvezetőnőt. Azt válaszoltam, hogy nincsen rá szükségem. Ő erre azt felelte, hogy a helyi emberek önzésnek fogják tartani, hogy nem akarom megosztani velük a jövedelmemet. Tehát felvettünk egy amerikai indián házvezetőnőt, Lénát, akinek havi 30 BG$-t fizettem, s ezen felül szállást és étkezést kapott. Lénának volt egy hároméves kislánya, akit Lisának hívtak, ö is nagyon örült ennek a lehetőségenek és a teljes három év alatt velünk lakott. Ezidőtájt eléggé viharos volt a politikai helyzet Brit Guianaban . A kormányon lévő Népi Haladó Párt (Peoples Progressive Party; PPP), melyet Dr. Cheddi

Az agyvérzés: amely megváltoztatta az életemet

Jagan, a kelet-indiai származású, Amerikában tanult fogorvos vezetett. A fő ellenzéki párt a Népi Nemzeti Kongresszus (Peoples National Congress; PNC) volt, Forbes Burnham vezetése alatt, aki az afrikai származású emberek képviselője volt. A másik ellenzéki pártot, az Egyesült Erőt (United Force; UF) Peter D'Aguiar vezette, aki portugál származású volt és hatalmas üzleti érdekeltségekkel rendelkezett. D'Aguiarnak volt egy sörgyára, szélső jobboldali vallási csoportokkal állt kapcsolatban és ő irányította a helyi újság, a Chronicle kiadását. Bár Dr. Jagan 1961-ben megnyert egy demokratikus választást, az ellenzék nem tudta elfogadni a többségi akaratot. Dr. Jagant kommunistának tartották, emiatt számos támadás érte, melyeket D'Aguiar vezetett. Az 1961-es választások idején a Keresztény Szocialista Tanács nyíltan a PPP ellen kampányolt.

A nejem és a fiam 1962. február 14-én érkeztek Georgetownba, én pedig nagyon izgatott voltam, hogy először láthatom újszülött gyermekemet. Amikor a csónak kikötött, Audrey átnyújtotta nekem Michaelt. A nagyapám után kapta a nevét. Miután

Az agyvérzés: amely megváltoztatta az életemet

magunkhoz vettük a csomagokat, bérelt házunkba mentünk, amely az egyik erdészeti részlegen feküdt. Audreyt meglepte, hogy házvezetőnőnk is van. Én elmagyaráztam neki a helyi szokásokat, ő pedig örült, legfőképpen amikor látta, hogy Léna milyen nagyszerű vacsorát készít.

Február 15-én Mr. Phillips körbe vitt minket Georgetownban és sétáltunk egyet a híres tengerfal mellett. Audrey és én nagyon izgalmasnak találtuk a trópusi életet, a pálmafák látványát, a meleg klímát és a trópusi zivatarokat. Mindazonáltal, szerencsétlen módon, a politikai légkör meglehetősen nyugtalanítóvá vált számunkra az eszkalálódó zavargások miatt.

A nejem és én bérelt otthonunk erkélyéről figyeltük a fosztogatókat, akik bútorokat és más értékeket vittek haza magukkal. Ez új tapasztalat volt számunkra. A kisbaba miatt közel álltunk hozzá, hogy átértékeljük álláspontunkat Brit Guiana-i életünket illetően. De a város néhány nap elteltével ismét visszatért a normális kerékvágásba, mi pedig

Az agyvérzés: amely megváltoztatta az életemet

fokozatosan hozzászoktunk új környezetünkhöz. Michael különösen élvezte a trópusi klímát.

1962. márciusában Mr. Tom Reese látogatott meg bennünket a londoni Műszaki Együttműködési Hivataltól, hogy megtanítson rá, hogyan kell felfedező utakat tenni a dzsungelben. Ő Nigériában az Erdészeti Főigazgatóság vezető képviselője volt, egy nagyon szívélyes angol úriember, aki a hagyományt eredeti módon gyakorolta. Három hónapot töltött nálunk, és képzéseket tartott az irodában a területfotózás értelmezéséről, illetve a bozótban történő kiképzésről. Mivel az esős időszak május közepétől augusztus közepéig tartott, az én esőerdei kiképzésemre 1962. áprilisában, a Bartica Háromszögben került sor. A felfedező út előtt Mr. Reese tanácsát kértem azt illetően, hogy az út során milyen ruhát viseljek. Elmondta, milyen csizmát és milyen típusú ruhát vásároljak, beleértve a köntöst is. A köntös viselése része volt a Mr. Reese által szigorúan követett hagyománynak, míg otthonától távol volt. Mr. Reese-zel a dzsungelben töltött első nap meglehetősen emlékezetesre sikerült. A táborunk

Az agyvérzés: amely megváltoztatta az életemet

egy sátorponyvából, egy sátor aljzatból, két moszkítóhálóval felszerelt kempingágyból, egy összecsukható asztalból és két székből állt. Reggel hatkor keltünk, felvettük a köntösünket, leültünk a székre, és a táborkísérő kávét szolgált fel nekünk. Ezután lementünk a patakhoz, hogy megmosakodjunk. Letettük a köntöst és a pizsamákat, és teljesen ruhátlanul megmosakodtunk. Mindazonáltal a hagyományos ceremónia tovább folytatódott, amikor visszatértünk a táborba, köntöseinket már ismét magunkra öltve, a táborkísérő reggelit készített számunkra. Miután elsétált mellettünk és azt kiabálta "újság", Mr. Reese szemét Romalhon (a táborkísérőn) tartva körülnézett, majd így szólt: "kérek". Romalho ekkor átvitte Mr. Reesenek a The Times vékony kiadását és huszonöt centet kaszált érte. Romalhonak húsz újságja volt, és mindennap a legrégebbi példányt hozta át, így Mr. Reese annyira jól tájékozott volt, amennyire csak lehetett valaki 20 nappal ezelőtt. Amikor Mr. Reese észrevette az arcomon a zavarodottságot, elmagyarázta, hogy annak érdekében, hogy józan eszét a dzsungelben is megőrizze, igyekszik az otthoni környezet a lehető legnagyobb mértékben megteremteni.

12. kép: Jobbról balra haladva: Mr. Reese, Dow és Phillips

Az agyvérzés: amely megváltoztatta az életemet

13. kép: A házvezetőnőnk Léna, Michael és Lisa

14. kép: Én és Michael

Az agyvérzés: amely megváltoztatta az életemet

15. kép: Romalho, a főszakács

Sikerrel vettem a kiképzést, amelyet Mr. Reese adott, s megszerveztem első felfedező utamat a következő száraz évszakra vonatkozóan, amely augusztus közepétől november közepéig tartott. A célterületet, amely a Cuyuni folyó mentén helyezkedett el, ahol néhány szép Greenheart példány áll (Ocotea rodiaei a babérlevelűek családjából), a levegőből figyeltük meg. Ezt a területet még soha sem mérték fel és közúton nem volt megközelíthető. Egy fény-térképmérő cég 1:15.000

arányú területfotókat készített, de nem volt alaptérképünk, amire rögzíthettük volna őket, ezért a felfedezőút feladatainak részként be kellett vonnunk a Talajvédelmi Információs Szolgálatot. Először homogén rétegekből álló poligonokat létrehozva, kiértékeltem a felvételeket. A kiinduló ötlet az volt, hogy a poligonok leírására akkor kerítünk sort, miután a vizsgálat során beazonosítottuk az egyes fa- és erdőtípusokat. A felvételeken megterveztem a tábori oldalt és a vizsgálati vonalat, aztán egy helyi famegfigyelővel átrepültünk a vizsgált területen, egy szimpla motoros Cessna repülőgép segítségével. A pilóta gyakorlott bozótfelderítő volt és imádta a légi akrobata gyakorlatokat. Emlékszem, lenéztem a fákra és láttam az eget, amint a repülőgép vezetője átfordulva repült. Amikor kiegyenesedett, megkértem, hogy ereszkedjünk kicsit lejjebb, hogy be tudjuk azonosítani az egyes fafajtákat. Nos, lejjebb mentünk egészen a lombvonalig, úgyhogy majdnem meg tudtuk érinteni a leveleket. Két és fél óránkba került, hogy begyűjtsünk minden információt, és amikor leszálltunk, mindketten, a famegfigyelő és én is

Az agyvérzés: amely megváltoztatta az életemet

meglehetősen sápadtnak tűntünk, amit a pilóta szórakoztatónak talált. A vizuális bejárást követően elkezdtem tervezni a szárazföldi felderítést. Elsőként találnom kellett 45 tapasztalt dzsungelmunkást. A toborzást egy Bartica nevű városban végeztem, és egy hét alatt sikerült egy jó csapatot összehoznom. Rufus Boyan volt a műszaki segítségem és a jobb kezem, egy amerikai indián, aki az Erdészeti Hivatalban felügyelői ranggal rendelkezett. A híres angol botanikus, Mr. Fanshawe képezte ki, és több mint 200 fafajta nevét ismerte angolul és latinul. Oscar Sampson, aki afrikai származású erdészeti felügyelő volt, gondoskodott a kellő fegyelemről az expedíció során. Wong kapitánynak, a 16 láb hosszú kajüt irányítójának a feladata annak biztosítása volt, hogy a kiszámíthatatlan Mazaruni és Cuyuni folyókon felfelé haladva elérjük a vizsgálati területet. Ahogy elindultunk Barticából és az Essequibot elhagyva a Mazaruni folyó torkolatába értünk, a kajüthöz csatlakozott 6 motorcsónak, aztán a kihívásokkal teli Cuyunin haladtunk, ahol gyakran kellett a csónakokat a sebes áramlatokon felfelé húzni. Ez meglehetősen

Az agyvérzés: amely megváltoztatta az életemet

emlékezetes élmény volt. Nyolc férfi a bal parton és ugyanennyi a jobb oldalon kötelek segítségével húzta a csónakokat, amelyeket különböző helyeken a kajüthöz rögzítettek. A kapitány azt javasolta, hogy sétáljak a folyóparton, de én inkább mellette maradtam. Wong kapitány nagy rutinnal irányította az embereket, akik felfelé húzták a csónakokat a meredek áramlatokon. Volt néhány kritikus helyzetünk, amikor a férfiak többet csúsztak vissza, mint amennyit előre haladtak, de két óra alatt vége lett a tortúrának, és elértük a Cuyuni folyó felsőbb szakaszát, amely teljesen sík volt. Miután a kajüt biztonságos vizekre ért, a legénység visszaindult, hogy felhúzza a többi csónakot is. Aztán a Cuyunin való jónéhány órányi utazást követően elértük azt a partszakaszt, amelyet a vizuális bejárás során a levegőből megfigyeltem.

A Cuyuni folyó partján építettük fel első táborunkat, amely időszakos bázisunk lett. A tábort a Cuyuni folyó partjától visszafelé ütöttük fel, egy kis patak mentén, hogy mindig legyen tiszta ivóvizem. Minden sátrunk sátorponyvából állt, oldalfalak és

Az agyvérzés: amely megváltoztatta az életemet

aljzat nélkül, A-alakban állítottuk fel őket. Az enyémben volt egy kempingágy, a felső sátorvázról moszkítóháló csüngött alá, és rendelkezésemre állt egy lapra csukható kempingasztal két székkel, meg egy olajlámpával. Romalho az ellátó sátorban lakott, körülbelül 30 yardnyira (kb. 27,5 méter) a patak mentén lefelé. A legénységet valamivel lejjebb a patak mentén 5 sátorban helyeztük el, körülbelül 200 yardnyira Romalho sátrától. Függőágyakban aludtak, körülbelül 8-10 ilyen függött minden sátorponyva alatt. Az expedíció számára három hónapra elegendő mennyiségű ellátmánnyal rendelkeztünk. A csapat ellátmánya sózott halból, sózott marhából, rizsből és teából állt. Ezen felül, kizárólag az én részemre, zöldségkonzerveket és minden hétre egy-egy Demerara rumot cipeltünk. Az ellenőrzésemmel történő általános használatra 4 vadászpuskát is vittünk magunkkal (16 kaliberes kétlövetűt), hozzájuk számos doboz muníciót, egy nagy elsősegély dobozt, 12 lámpást és számos benzinnel teli kannát, valamint edényeket és serpenyőket minden sátornak. A Georgetown-i kormányzati gyógyszerész által

Az agyvérzés: amely megváltoztatta az életemet

rendelkezésünkre bocsátott gyógyszercsomag 8 doboz kígyómarás elleni szert tartalmazott, "hűtve tárolandó" felirattal. Amikor Georgetownban elolvastam a használati útmutatót, megkérdeztem Rufus Boyant, hogy az amerikai indiának mit használnak kígyómarás ellen. Azt mondta, hogy egy Especifico nevű hazai keveréket, amelyet több különböző növényből készítenek, így hát gyógyszer csomagunkat kiegészítettük 8 üveg Especificoval. A bázistól kiindulva vágtunk egy 5 mérföld (kb. 8 km) hosszú tájékozódási vonalat északi irányban. A bozót nagyon sűrű volt; a helyiek átjárhatatlan erdőnek nevezték, ezért az irányítót két csapásvágó követte, hogy tiszta ösvényt készítsenek az ellátmányt szállító csapat számára. A csapásvágók után két láncember kimérte a távolságot, egyszerre egy láncot (66 láb; kb. 20 méter), egy-egy faéket hagyva minden láncnál a kiinduló ponttól való távolság jelölésére. Amikor a csapat elérte az 5 mérföld jelzést, kijelöltük a bázist, majd felütöttük az én sátramat is, valamivel feljebb a patak mentén. Akkor a csapat lebontotta az ideiglenes bázist, és minden sátrat, kivéve Wong

Az agyvérzés: amely megváltoztatta az életemet

kapitányét és csapatáét, átköltöztetett az új táborhelyre. Ezt egy nap alatt kellett elvégezni, az expedíció bázisának kivitelezését még sötétedés előtt be kellett fejezni, hogy beköltözhessünk. A csapattagok egy vállukra erősített hosszú kosárban, a hátukon cipelték az ellátmányt és a sátrakat, miközben terhüket egy másik, a homlokukra erősített pánttal egyensúlyozták. Egy kellő testi erővel rendelkező ember 80-105 font (36-48 kg) súlyt képes nehézségek nélkül 5 mérföld (8 km) távolságra elcipelni. Miközben felfelé haladtunk a csapáson, a testőröm arra tanított, hogyan vegyem észre a veszélyt, különösen olyan helyeken, ahol kígyóktól kellett tartani. A csapat számára a Labaria (Lachesis lanceolatus), egy rendkívül veszélyes mérgeskígyó jelentette a legnagyobb gondot. Ez a kígyó csak ritka esetben éri el a 4 láb (120 cm) hosszúságot, de marása, ha nem látják el megfelelően, 48 órán belül végzetessé válhat. Gyorsan megtanultam, hogyan vegyem észre ezeket a kígyókat, mert naponta legalább egy megpróbált megmarni. Mindig egy hosszú bottal sétáltam, amellyel meg tudtam ölni ezeket a kisméretű kígyókat. Ha egy nagyobb támadott meg, mint pl. a Néma csörgőkígyó (*Lachesis muta*), vadászpuskát használtam a kígyó elpusztítására. A néma csörgőkígyó nagy, testes és kimondottan veszélyes mérgeskígyó, melynek feje háromszög alakú. Egy a természet figyelmeztetései közül, hogy a kígyó ártalmas és potenciálisan halált okozó teremtmény. Az első alkalommal, amikor egy ilyen kegyetlen fickóval (ahogy a helyiek nevezték) találkoztam, a kígyó 10 láb (3 méter) hosszú volt, egy ösvényen talált rám és megpróbálta elérni a felsőtestemet. Ez a kígyófajta többszörös marásra is képes, nagymennyiségű mérget juttat áldozata testébe és még a fiatal példányok marása is végzetes lehet. Mindig töltött vadászpuskával jártam, és amikor a feje csupán egy pár láb távolságra volt tőlem, rálőttem a kígyóra. Késlekedésre nem volt idő, az embernek gyorsan és határozottan kellett cselekednie. Azt mondták, egy olyan dzsungelben, amilyenben éppen mi is jártunk, a túravezetőknek átlagosan a fele kígyómarás, vadtámadás vagy rovarcsípés következtében hal meg, vagy saját

Az agyvérzés: amely megváltoztatta az életemet

csapata öli meg. Ezek a lehetőségek meglehetősen kijózanítóak voltak. A második napot a bázison arra használtuk, hogy kitakarítsuk a tábort és kipihenjük magunkat. Két férfi a nap nagy részét azzal töltötte, hogy két darab (5 inch (kb. 13 cm) átmérőjű és 3 láb (kb. 90 cm) hosszú fából, melyeket egymástól 4 méter távolságra a talajba ásva, 2 láb magasságú kiálló részt hagyva, egy V-alakú elágazással a felső részén helyeztek el, egy WC-t építsen nekem. A vertikális végek V-elágazására egy 6 láb hosszú, egyenes és sima fadarabot (5 inch átmérőjűt) helyeztek, amely a WC-ülőkét képezte. Az ülőke alatt a férfiak ástak egy mély lyukat; ez alkotta a kültéri WC-t. Egy másik fontos szemléletmód, amit Mr. Reese tanított nekem, az volt, hogy az expedíció vezetője legyen mindig határozott és láthatóan teljes önuralma birtokában. Ez nem ego kérdése, viszont a csapat számára megnyugtató, hogy erős vezetőjük van. Ezért Sampson minden reggel egy sorba felsorakoztatta a csapatot, én kijöttem a sátramból, elsétáltam előttük, mindenkit a nevén szólítottam, és kiosztottam személyes, aznapi feladatát. Ez magába foglalta a

Az agyvérzés: amely megváltoztatta az életemet

megfigyelési utat, melyet mindenkinek meg kellett tennie, a feladatokat, amelyeket el kellett végezniük, mint például az útirányt megjelölni az iránytű segítségével, ösvényt vágni a tájoló mögött, a távolságot lemérni a lánc segítségével, a fafajtát beazonosítani és az átmérőt mellmagasságban lemérni egy átlaló segítségével, vagy a vadászat és testőrködés mellettem. Miután megkóstoltam a sózott halat és a sózott marhát, úgy döntöttem, megbízok egy férfit, hogy vadásszon minden nap friss húst a csapat számára és természetesen saját részemre is. Romalho állítása szerint ez volt a legjobb csapatépítő döntés, amit az elmúlt években a dzsungelben tapasztalt. A csoport majd mindennap friss húshoz jutott, és a köztes időben fogyasztották a sózott halat és marhát. Lecseréltem a testőrömet, aki mindennap azért járt mellettem, hogy megóvjon a természeti veszélyektől, mert ez könnyű feladat volt. Ezt a pozíciót jutalomként használtam fel a csapat azon tagjai számára, akik jó munkát végeztek. Ilyen módon személyesen is megismertem a csoportom tagjait, és sikerült némi kötődést kialakítanom azokkal, akik

Az agyvérzés: amely megváltoztatta az életemet

megfeleltek ennek a kihívásnak. Fizikailag csúcsformában voltam, képes voltam megerőltető terepen napi 15-20 mérföldet (24-32 km) gyalogolni, amivel kivívtam a csapat tiszteletét.

Meglehetősen eseménydús három hónapot töltöttünk a Cuyuni folyó területén rendelkezésre álló faanyag megfigyelésével. Semmilyen jel nem utalt arra, hogy a területet valaha is lakták volna. És mégis, amikor a bázis kialakítása során felástuk a területet, találtam egy bemetszett követ, mely egy bozótpulyka fejét ábrázolta. Azt is megtanultam értékelni, amit Mr. Reese tanított a dzsungelben való túlélésről. Két hónap elteltével fontossá vált, hogy megkülönböztessük egymástól a heteket. Ezért vasárnaponként a legjobb vasárnapi ruhámat öltöttem magamra, ami nadrágból, rövidujjú fehér ingből és fekete bőrcipőből állt. Némi gyümölcslé kíséretében elfogyasztottam az ebédemet, utána pedig meghívtam Romalhot egy pohár rumra.

Az agyvérzés: amely megváltoztatta az életemet

16. kép: Wong kapitány és a kajüt

17. kép: A kajüt az áramlatokban

Az agyvérzés: amely megváltoztatta az életemet

1963-ban számos felfedező utat tettem a Bartica Háromszögbe, beleértve egy terepjárós túrát a Rupununi Szavannán. Az utak többnyire egysávosak voltak, így ha valaki kellőképpen szerencsétlen volt és az úton egy, az ellenkező irányba haladó favágó teherautóval találkozott, amely rakománnyal teli és a megfelelő időben való megállásra képtelen, az egyetlen választható lehetősége az útról való letérés volt, egyenesen be a bozótba, feltéve, hogy egy nagy fa nem állta el az útját.

A második jelentősebb felfedezőtúrámat az Észak-nyugati Körzetbe terveztem, a venezuelai határ közelében. 1963. augusztus 19-én, hétfőn, délután 2 előtt 10 perccel, egy Steamer nevű hajón hagytuk el Georgetownt és másnap értünk Mabarumaba. A Cuyuni expedíció tagjainak nagy részét magammal vittem, bár Mabarumaban felvettünk egy tucat embert, akik jól ismerték a régiót. Egy olyan időszakban végeztünk megfigyelést a venezuelai határhoz közel eső területen, amikor a határvonal vitája a két ország között a leghevesebb volt. Ezért több vadászpuskát

Az agyvérzés: amely megváltoztatta az életemet

vittünk magunkkal, mint a Cuyuni expedíció során. A felderítőtúra elején számos magasrangú kormányképviselő keresett fel minket, beleértve Mr. Brindley Benn urat, a természeti erőforrások miniszterét. Aztán csónakokon indultunk felfelé a Wayne folyón az általam légi felderítés során bejelölt területre, hogy bejussunk az első bázis táborba. Én a kajütön utaztam Wong kapitány és számos régi expedíciós csapattag társaságában. A többi férfi motorcsónakokban követett bennünket. Éjszaka volt és a férfiak elkezdték énekelni az Old Man River című dalt, a helyiek pedig világító fáklyákkal integettek nekünk a folyópartról. Ezt az utat egy hollywoodi mozifilm sem tehette volna izgalmasabbá és romantikusabbá. Úticélunkat reggel értük el, a folyóparton kikötöttük a csónakokat és előkészültünk rá, hogy egyenes csapást vágjunk az első bázistáborig. Ekkor Rufus Boyan mozgást észlelt a bozótban, mi pedig azon tanakodtunk, hogy mi lehet az oka. A hang, amit hallottunk, nem hasonlított a vadállatokéhoz, és biztosak voltunk benne, hogy a környéken nincs emberi élet. Előreküldtem egy csapat

Az agyvérzés: amely megváltoztatta az életemet

amerikai indián férfit, hogy térképezzék fel a terepet. Néhány órán belül egy bennszülött férfival tértek vissza, aki kizárólag a helyi dialektust beszélte és ezt megelőzően még sohasem látott fehér embert. Ez a törzs valójában teljes izolációban élt, távol a többi amerikai indiántól. Rufus Boyannak sikerült meggyőznie őt, hogy expedíciónk békés szándékú, engem pedig meghívtak, hogy ismerjem meg a falu véneit, akik egy szalmafedeles kunyhóban éltek. Köralakban ültünk le, békepipát szívtunk és a bennszülöttek saját készítésű borukkal kínáltak bennünket, melynek íze az ecetére hasonlított, de én kész voltam megkóstolni. Rufus tolmácsolt, amikor elmagyaráztam nekik az expedíció részleteit. A vének hozzájárulásukat adták, hogy a bázishoz történő eljutás érdekében áthaladjunk a területükön. Ezen az éjszakán a hajón aludtam, míg a többiek a folyópart közelében álló fákra rögzített függőágyon pihentek. Másnap reggel korán elkezdtük a csapás bázisig történő kialakítását és az ellátmány szállítását. Ezzel a feladattal kora délutánra végeztünk és maradt rá időnk, hogy felépítsük a táborokat is. Az én sátram

Az agyvérzés: amely megváltoztatta az életemet

ismét a folyó felfelé haladó folyásirányával egyezően kapott helyet, míg táborfelelősömé, Romalhoé, körülbelül 100 lábnyira lefelé, a konyhával és az ellátmánnyal együtt. A csapat többi tagja körülbelül további 100 láb távolságnyira a patak mentén ütött tábort. Éjjel 11 óra körül tértem nyugovóra, és jól aludtam a nyugágyamon, a moszkítóháló alatt. Körülbelül reggel ötkor lányok nevetésére ébredtem. Ez a dzsungelben hihetetlennek tűnt. Amikor kinyitottam a szemem, körülbelül egy féltucat fiatal amerikai indián lányt láttam. Talán 18-20 évesek lehettek, lepillantottak rám és folyamatosan kuncogtak. Kizárólag altestük intim részeit elrejtő ruházatot viseltek, melleiket egyáltalán nem takarták el, miközben letérdeltek, hogy közelebbről is megnézzenek. Amint ott feküdtem, azt gondoltam, hogy talán meghaltam és a mennyországba jutottam, és a gondolat, hogy ott vagyok, meglehetős elégedettséggel töltött el. Ezt a rövidéletű eksztatikus pillanatot éber valóságkontoll váltotta fel, amikor meghallottam a csapatom nevetését, arra kérve engem, hogy keljek fel és öltözzek át. Felkeltem a

Az agyvérzés: amely megváltoztatta az életemet

nyugágyból és megkértem Rufust, hogy szóljon a fiatal hölgyeknek, térjenek vissza a falujukba. A lányok nyilvánvalóan a falu véneitől hallottak a sápadt arcúról, és úgy döntöttek, megnézik maguknak. Nem feleltek Rufus kérésére, én pedig álldogáltam és vártam a felöltözés lehetőségét. Ez a pillanat nem érkezett el, és csapatom jót mulatott szorult helyzetemen, miközben a napi feladatok kiosztását várták tőlem. Így hát elhatároztam, hogy megborotválkozom. Volt egy kisméretű tükröm, amely egy fán függött a faasztalon elhelyezkedő mosdó mellett. Öntöttem némi vizet a mosdótálba és a tükörbe néztem. Láthattam, hogy a lányok csodálattal néznek a tükörbe. Nem volt kapcsolatuk a külvilággal és az élmény, hogy önmagukat tükörben látják, különbözött attól, amit egy tál tiszta vízbe vagy a patak vizébe vetett pillantás nyújthatott. Ez lehetőséget jelentett számomra, hogy eltereljem a figyelmüket. Átadtam nekik a tükröt, és a sátor másik részébe mentem, hogy átöltözzek. Ezt követően a lányok hamar távoztak, én pedig felsorakoztathattam a csapatot egy újabb munkavégzéssel töltött nap érdekében.

November 3-án fejeztük be az Észak-nyugati Körzet felderítését, az előrevetített venezuelai támadás nem következett be, amiért nagyon hálás voltam. A Georgetownba való visszatérésünk után polgári engedetlenséget tapasztaltunk, ami gyakran jelentett életveszélyt. Éjszaka töltött fegyverrel ültem az ablak mellett, és ezt követően visszaküldtem a családot Edinburghbe. Az autómat is eladtam és a közlekedéshez egy motorkerékpárt vásároltam.

A Bartica Háromszögbe tettük a harmadik és egyben utolsó felderítő túrát, amely 1964. augusztus 31-én, hétfőn indult. Ezt a célterületet legkönnyebben terepjáróval lehetett megközelíteni. Mindazonáltal a faji feszültségek ezidőtájt eszkalálódtak az ország különböző részeiben. Ez aggasztott, mert a csapatom afrikai, indián, portugál és amerikai indián származású emberekből tevődött össze. A csoporttal a bázistáborban találkoztam és párbeszédbe kezdtem velük, mely helyreállította az emberi fajba vetett hitemet. Arra kértem a férfiakat, hogy „toleranciával

Az agyvérzés: amely megváltoztatta az életemet

és kölcsönös tisztelettel tekintsenek egymásra. Összetartva éljük túl a dzsungel elemi erőit. Mi mindannyian testvérek vagyunk, nem egymás ellenségei." A csapat jól reagált, és ezt követően a munka elvégzésére összpontosítottunk, egymásra odafigyelve.

A Bartica Háromszögbe vezető expedíció is élménydúsnak mutatkozott. Bár a terület mindössze egyetlen egysávos földúton volt megközelíthető, a veszély állandó kísérőnk maradt. Egy nap egy keskeny úton sétáltam, amikor hirtelen egy 10 láb (3 méter) hosszú néma csörgőkígyóval találtam magam szemben. Szerencsére érzékeltem, hogy a terület rejt magában némi veszélyt, és mind testőröm, mind jómagam töltött vadászpuskával jártunk. Amikor megláttam a felém haladó kígyót, mely 4 láb magasra emelt fővel közeledett, a fejére lőttem és megöltem az állatot, amely ezután körülbelül 2 láb (60 cm) távolságnyira tőlem a földre esett. Testőröm, Banjee némi izgalommal jegyezte meg, hogy „éppen időben csípte el, főnök". Én viszonylag nyugodtan reagáltam, de amikor visszaértünk a táborba, így szóltam

Romalhohoz: „ideje bedobni egy kis szíverősítőt". Ő nagy sietséggel a sátramba hozta a rumot és idegesen álldogált, várva, hogy elmondjam, mi történt. Tudta, hogy nap közben csak akkor fogyasztok alkoholt, ha valami tényleg ijesztő dolog történt. Néhány nappal később Romalho figyelmeztetett, hogy legyek óvatos éjszaka, mert mozgást észlelt a tábor körül. Azt mondta, vaddisznó vagy akár jaguarondi is lehet. Éjfél körül feküdtem le, egy kicsit tompítottam a lámpás fényét, és magam mellé helyeztem a vadászpuskát. Épp hogy elszenderültem, érzékeltem, hogy valami közeledik a sátram felé. Aztán hirtelen megláttam, hogy egy jaguarondi ugrik felém. Épp csak arra volt időm, hogy félreguruljak a nyugággyal és hevesen rálőjek. Nos, a jaguarondi rácsapott a nyugágyra, amely most a hátamon volt. A vadászpuska hangja kellőképpen megijesztette a vadat, hogy elszaladjon a sötét éjszakába. Romalho átrohant, hogy megnézze, mi történt. Én meglehetősen felkavart voltam, ő pedig csak rámnézett és így szólt: „Hozom a rumot, uram". Ezután egész éjjel fent maradtunk, arra az esetre,

Az agyvérzés: amely megváltoztatta az életemet

hogy a macskaféle úgy dönt, visszajön. A felderítőtúra vége közeledtével a bázison meglátogatott egy brit katonai tisztviselő, John Forster őrmester. Forster úr a Bartica Háromszögben mindössze 5 mérföld távolságnyira tőlem, egy BG Timbers nevű fakitermelő cég területi képviselőjének hivatalos székhelyén állomásozott. Táborában hűtőszekrény, tűzhely és beltéri WC is rendelkezésre állt, ami akkoriban a bozótban nagy luxust jelentett. Az expedíciót november elején zártuk le. Amikor visszatértem Georgetownba, először elkészítettem a beszámolómat, majd elkezdtem összecsomagolni. A feleségem és a fiam már Edinburghben, Skóciában voltak, a nejem szüleinél. A szerződésem részeként 6 hónapos fizetett eltávozásra voltam jogosult és visszautazhattam Skóciába. Mr. Dow elmondta, hogy örülne, ha további 3 évvel meghosszabbíthatnák a szerződésemet. Azt javasolta, gondolkozzak ezen, és néhány hónap elteltével adjak választ. A dolgaimat (bútorunk nem volt, csak ruhák) december 1-jén hazaszállíttattam Edinburghbe, és amíg a kimenő repülőjáratra vártam, beköltöztem a Tower Hotelbe.

Az agyvérzés: amely megváltoztatta az életemet

Georgetown-ból kijutni nem volt könnyű, ismét általános sztrájk volt érvényben és az Atkinson Repteret lezárták. December 2-án néhány barátom elhívott egy partyra, ahol találkoztam pár kanadai állampolgárral a követségről. Azt javasolták, hogy Skóciába tartó visszautamon látogassak el Torontóba, mert Kanadában éppen diplomás erdészeket kerestek. Másnap elmentem a Kanadai Követségre és szereztem egy 10 napos látogató vízumot, amellyel beutazhattam Kanadát. Tehát várakoztam, hogy feljuthassak egy kimenő repülőgépre. December 4-én egy bárban ültem egy ital mellett, amikor korábbi szomszédom, Miss DeFreitas csatlakozott hozzám egy rövid társalgás erejéig. Az Air France repülőtársaság utaskísérője volt, és az ő segítségét kértem, hogy eljuthassak Trinidadba. Elmondta, hogy másnap néhány ember társaságában, akiket a sztrájkolók kiengedtek, Trinidadba repül. Azt ajánlotta, hogy kísérjem el a repülőtérre, s így a demonstrálók át fognak engedni. Így tehát december 5-én felültem Miss DeFreitas mögé a hölgy robogójára, s kis csomagomat kettőnk

… közé helyezve elindultunk a repülőtérre. Miss DeFreitas az egyenruháját viselte, így átjutottunk a sztrájkvonalon. Már megvolt a British Airways repülőjegyem, egy teljesárú jegy, így elfogadták a Georgetownból a spanyolországi reptérre tartó szakaszon. Bejelentkeztem egy reptérközeli hotelbe, aztán visszamentem a repülőtérre, hogy megpróbáljam letisztázni a repülőutamat. Elvittem a British Airways által kibocsátott teljesárú jegyemet az Air Canadához és megkérdeztem, hogy felhasználhatnám-e egy skóciai úticél eléréséhez, torontói átszállással. Örömmel elfogadták a jegyet és kiállítottak számomra egy újat, amellyel alkalmam nyílt ellátogatni Torontóba és Montrealba, mielőtt Glasgowba visszatértem volna.

KANADAI EMIGRÁCIÓ

Kanadában az Ontario Kormányzat által kiírt állásokat nézegettem, és felajánlottak egy munkakört az Ontario Földterületek és Erdők hivatalban. Így tehát áttelepültünk Kanadába. Aztán lett egy kislányunk, aki Torontóban, Kanadában született. Szóval volt már egy fiunk, Michael és egy lányunk, akit Jennifernek neveztünk el.

18. kép: Jennifert kézben tartva

Az agyvérzés: amely megváltoztatta az életemet

19. kép: Karácsonyi boldogság

Folytattam a tanulmányaimat, hogy M.Sc. fokozatot szerezzek. Statisztikából, méréstanból és erdőgazdálkodásból diplomáztam. Élveztem a tanulmányokat, különösen a méréstant és az erdőgazdálkodást. A statisztikai rész nagyon sok leckéből és vizsgaidőszakból állt. Mégis sikerült a tárgyakat jó eredménnyel teljesítenem, és készen álltam a doktori cím megszerzésére. Felvettek a

Az agyvérzés: amely megváltoztatta az életemet

British Columbia Egyetemre, ahol modellezési tanulmányokat folytattam. Mesterprogramom képzési költségét a kormányzat állta (50%-os hozzájárulással), az ezen felül felmerülő költségeket szintén, ugyanezzel a finanszírozási feltétellel. Nos, 1969 telén a feleségem bejelentette, hogy elhagy engem és a gyerekeket. Egy szó mint száz, a házasságom zátonyra futott, amikor a lányom 3 éves lett. Kapcsolatba léptem a vezetőmmel és lemondtam a doktori képzést. A szüleim Magyarországról kijöttek Kanadába, hogy segítsenek a gyereknevelésben. Egy éven keresztül voltam egyedülálló szülő, majd Rose (egy ötéves kisfiúval) és én 1970. június 30-án összeházasodtunk. Rose gyakran ugratott a bevásárlási szokásaim miatt, csak fogtam az árut és már indultam is volna hazafelé. Ő szeretett volna több helyen megfordulni és több dolgot megnézni, de én befejeztem a vásárlást és csak hazamenni akartam.

Az agyvérzés: amely megváltoztatta az életemet

20. kép: Esküvőm Rose-zal:

21. kép: A szüleim segítenek a gyereknevelésben

Az agyvérzés: amely megváltoztatta az életemet

Szakmai életutam nagyon sikeres volt, több pozícióban is dolgoztam Victoriaban. Elkezdtem hokit oktatni és időt szakítottam Jennifer lovaglás leckéire.

22. kép: Jennifer lovaglás közben Mr. Carleyval

Az agyvérzés: amely megváltoztatta az életemet

23. kép: A Kiwanis csapat felkészítése (Michael C-vel jelölt mezben)

24. kép: Az egyesült család

Az agyvérzés: amely megváltoztatta az életemet

1974 júniusában visszatértünk Magyarországra és 18 év távollét után meglátogattuk a családomat. Amikor Magyarországot elhagytam, 18 éves voltam, s most, 18 évvel később, két egyetemi diplomával tértem vissza. Nagyapám nem hazudott a távoli, boldogabb világról.

1974-ben a magyar kormányzás még kommunista rendszerben működött, és figyelnem kellett rá, hogy mit mondok. Kanadában egy kutatásokat végző, tudós ember voltam, aki éppen kezdett belejönni a publikációs tevékenységébe. Magyarországon a kutatók megismerték a cikkeimet, és még azokat is elérték, amelyekről nem is sejtettük, hogy hozzájuthatnak. Jelenlegi látogatásom alkalmával felkerestem néhány magyarországi kutatóállomást, és nagyszerű fogadtatásban volt részem. Mindazonáltal a négy hét hamar eltelt és visszatértünk Kanadába.

A karrierem szakmai tekintetben nagyon sikeres volt, a Földrajzi Információs Rendszer promóciója kapcsán több országban is megfordultam. 1982-ben egy tudományos csereprogram keretében

… Az agyvérzés: amely megváltoztatta az életemet

ellátogattam a Szovjetunióba. Jártam Moszkvában, Leningrádban, Kijevben, és kellemes bánásmódban volt részem a szovjet hivatalnokok részéről. 1985 októberében Kínába látogattam, hogy előadást tartsak az világűrben történő felhasználásra szánt termékek békés hasznosításáról az erőforrás menedzsment területén. 1988-ban részt vettem egy ISPRS konferencián, és a VII. Képviselőtestület elnökévé választottak. 4 éven át utazgattam a világban, a környezettel kapcsolatos promóciós tevékenységet végezve és workshopokat szervezve.

Az agyvérzés: amely megváltoztatta az életemet

25. kép: A nagybátyám (a képen fehér hajjal látható) politikai fogolyként öt évet töltött Recsken

Az agyvérzés: amely megváltoztatta az életemet

26. kép: A legmodernebb computer technikával készített grafika 1980-ban

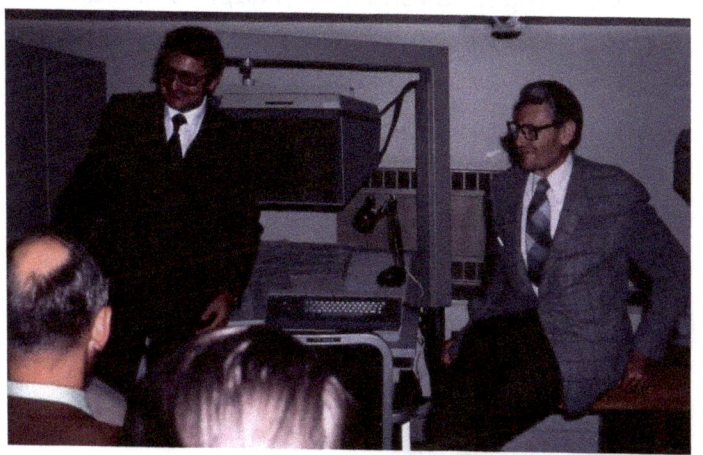

27. kép: Számítógépes grafikakészítő állomás

Az agyvérzés: amely megváltoztatta az életemet

28. kép: Szereplésem egy TV-interjúban a számítógépes rendszerrel kapcsolatosan

29. kép: A számítógéprendszer

Az agyvérzés: amely megváltoztatta az életemet

30. kép: Részvételem egy szovjetuniói kiküldetésben
1982-ben

1990-ben elhagytam a kormányzati szektort és a magánszektorban vállaltam munkát. Körbeutaztam a világot és a kanadai üzleti lehetőségeket népszerűsítettem. Nyitottam egy irodát Magyarországon, bejártam Oroszországot, Kínát és Indiát (2001. és 2009. között 14 alkalommal jártam Indiában). Kanada mellett több más országba is ellátogattam, pl. az Amerikai Egyesült Államokba, Magyarországra, Ausztriába, Romániába, az Egyesült Királyságba, Svájcba, Malájziába, Kuala Lumpurba,

Az agyvérzés: amely megváltoztatta az életemet

Indonéziába, Japánba, Kínába és Oroszországba. Sikeres vállalkozó voltam, aki saját cégét népszerűsítette. Jó egészségnek örvendtem és élveztem az életet.

31. kép: Magyarországi rokonaim meglátogatása

Az agyvérzés: amely megváltoztatta az életemet

32. kép: A VII. Kongresszus elnökének választanak.

Életem csúcsán voltam. Korábban készen álltam rá, hogy kormányzati ügyekben utazzak, most pedig még jobb lehetőségem adódott a világjárásra.

Az ISPRS Végrehajtó és Műszaki Kongresszus elnökei minden évben más országban üléseztek. 1989-ben Zürichben, Svájcban találkoztunk, 1990-ben Victoriaban én voltam a vendéglátó, 2001-ben Glasgowban, Skóciában, 2002-ben pedig Washington D.C.-ben gyűltünk össze a XVII. Nemzetközi Kongresszus okán. A Műszaki Kongresszus elnökei mindegyikének egy

Az agyvérzés: amely megváltoztatta az életemet

középtávú szimpóziumot kellett megszerveznie. Én a Kongresszus VII. Szimpóziumát szerveztem meg Victoriaban, Brit Kolumbiában, amelyet 1990. szeptember 17. és 21. között tartottunk. A Tudományos Bizottság több mint 240 oldalnyi dokumentációt nézett át, amely 23 különböző országból származott, és ebből összesen 192-t fogadtak el a négy párhuzamosan futó ülésen. Két plenáris ülést tartottunk, egyet a konferencia első napján, kedd reggel, a másikat a rendezvény utolsó napján, pénteken. Tizenkét workshop került megrendezésre a következő témákban: Földrajzi Információs Rendszer (GIS) koncepciók; GIS menedzsment-alkalmazások; GIS-alkalmazások felhasználók részére; Szatelitfelvétel-analízis (SIA) koncepciók; SIA alkalmazások felhasználók részére; Fotogrammetria és fotóinterpretáció koncepciók; Terület felvételek interpretációja; Radar koncepciók és alkalmazások; Szakértői rendszerek és mesterséges intelligencia; Távérzékelés tanárok és oktatók számára, illetve Környezetterhelési vizsgálat

Az agyvérzés: amely megváltoztatta az életemet

és monitoring. Több mint 400 nemzetközi küldött vett részt a szimpóziumon.

Az én hivatalom a VII. ISPRS Konferencia elnökeként a Washington D.C.-ben tartott rendezvény lezárása volt. A konferencia mindegyik elnökének megbízása volt, hogy a tudományos illetékességi körébe eső témában workshopokat szervezzen. Jómagam 23 különböző kurzust indítottam, melyek 1992. augusztus 3. és 14. között kerültek megrendezésre. Mindegyik központjában a jövőbe mutató technológia állt, a fotogrammetria és a távérzékelés témájához kapcsolódóan, és a megjelentek létszáma minden várakozást felülmúlt.

A világ csúcsán voltam.

Az agyvérzés: amely megváltoztatta az életemet

PROSZTATARÁK

És ekkor, 2004 januárjában, csapásként ért a prosztatarák. A család orvosa arról tájékoztatott, hogy a PSA értékeim magasak, elérik a 9.0 határt. A hölgy azt tanácsolta, hogy keressek fel egy urológus sebészt. Aztán szeptember 21-én, egy sor vizsgálat elvégzését követően a szakember közölte, hogy prosztatarákom van. Ez sokkoló hír volt számomra. 66 éves voltam és rákom volt. Amikor hazaértem, ittam egy pohár erős italt és birkóztam az új realitással. Rákom van, belehalhatok vagy felépülhetek. Az orvos azt mondta, hogy lehetséges az operáció és csekély a kockázata, hogy a végén nyomorék maradok. Azt ajánlotta, hogy leválasztja a tobozmirigyet, és így jó kilátásom van a felépülésre, bár van egy rá némi esély, hogy impotenssé válok. Rengeteget gondolkoztam ezen az eljáráson, és arra a következtetésre jutottam, hogy nem ezt akarom. A sugárkezelés veszélyesnek tűnik, de nem műtik ki a tobozmirigyemet. Ezt választottam. A kezelés 2005 januárjában kezdődött, 35 percet töltöttem a kamrában. Beszélgettem erről az eljárásról az egyik szomszédommal, aki egy évvel korábban végeztette el ugyanezt magán. Ő azt tanácsolta, hogy a kezelés során vetkőzzek le. Egyszóval szerezzek be egy strandpapucsot és egy köntöst; ez jó ötletnek bizonyult. Így amikor a sugárkezelésre mentünk, a köntössel és a strandpapuccsal kényelembe helyeztük magunkat. A kezelés hétfőtől péntekig mindennap délután fél ötkor volt. Tehát egész nap dolgozhattam, fél négy körül pedig elmentem a kezelésre. A hétvégéket szabaddá kellett tennem a gyógyulásom érdekében. 35 alkalommal voltam besugárzásnak kitéve, de egyetlen munkanapot sem hagytam ki. Mindazonáltal a terápia ütemezése kimerítő volt, és rengeteg időt töltöttem ágyban munkaidő után, csupán lábadozással. Mindezek ellenére viszont, március 9-én már csak 6.5-ös PSA értéket mértek, ezért jobban éreztem magam. Március 17-én egy újabb vérvizsgálaton vettem részt a sugárkezelés előtt, és meglehetősen fájdalmas élményben volt részem. Mikor a kezelés után hazaértem, körülbelül még egy órán át erősen

Az agyvérzés: amely megváltoztatta az életemet

véreztem. Március 31-én jó híreket kaptam, a PSA értékeim 4.64-re süllyedtek, májusban pedig csak 2.72-t mértek. A jelenleg legaktuálisabb PSA szintem 0.35 értéken stabilizálódott.

2008-ban könyvet akartam írni az élményeim dokumentálása céljából, leginkább gyermekeim és unokáim számára. Ezért írtam egy könyvet, mely a „ „Merd megtenni a következő lépést" címet kapta.

Aztán 2009-ben kiadtunk egy másikat „A halál várhat" Túlélő rákbetegek történetei címmel. Társszerkesztőim Roslyn Franken, Jacquelin Holzman és Max Keeping, mindegyikük rákból felépült, gyógyult beteg. 34 rákot túlélő beteget hívtak meg, hogy megosszák a rettegett betegség leküzdésével kapcsolatos tapasztalataikat. Ezek a történetek bemutatják az emberek első reakcióit, amikor értesülnek a hírről, „Önnek rákja van". Néhányuk számára ez úgy tűnt, mint egy halálos ítélet, míg mások figyelmeztetésként élték meg, arra vonatkozóan, hogy változtatni kell az életstílusukon.

A könyvben szereplő további történetek Max Keepingtől származnak, a CTV 6 órás híreinek moderátoránál prosztatarákot diagnosztizáltak. Az orvosok elmondták neki, hogy a prosztatarákkezelésen átesett páciensek 91 százaléka 6 héten belül újra munkába áll; nyolc százalékuk 4-6 hónapig lábadozik és komplikációktól szenved. Max a fennmaradó egy százalékhoz tartozónak tekintette magát. A hólyagja tönkrement, és ez visszavetette a betegségből való felépülését. 3 hétig volt távol; én 9 hónapig katétert viseltem. 40 órát kellett egy hiperbárikus kamrában töltenem, külső sugárkezelésben és hormonterápiában részesültem. 6 évig tartó kezelés után Max prosztatarák megbetegedése tünetmentessé vált, de épp most végeztek el rajta egy 12 órás műtéti beavatkozást gyomorrák miatt.

Roslyn Franken egy beach partyn vett részt 1994. decemberében, amikor hajnali 3 óra táján komoly puffadást és nyaki fájdalmat tapasztalt. A biopszia eredményei kimutatták, hogy egyértelműen a nyaki nyirokcsomó Hodkin-kóros megbetegedésének esetével áll szemben, a betegség második, rákos stádiumában. Orvosa elmondta, hogy kezelésbe a

Az agyvérzés: amely megváltoztatta az életemet

kemoterápia is beletartozik majd, amit a következő kilenc hónap során háromhetente egyszer kell alkalmazni. Az onkológus elmagyarázta, hogy a terápia következtében olyan mellékhatások léphetnek majd fel, mint a hajhullás, a hányinger, a kimerültség, a szájsebesedés, az izomgörcsök, a hátfájás és a komoly székrekedés, melyeket Roselyn különböző mértékben meg is tapasztalt. A rákról, amely először legyőzhetetlen hanyatlásnak tűnt, kiderült, hogy egy teljes ébredési folyamat kiinduló állomása, amely azt eredményezte, hogy felismerje és próbára tegye hiedelmeit, áttörje a negatív sémákat, kockázatot vállaljon és új viselkedésmintákkal kísérletezzen. Tizennyolc évvel később még mindig jó formában van, egy új könyv szerzője, mely a Listára is felkerült: 9 útmutató elv az egészséges táplálkozáshoz és a pozitív életmódhoz. Emellett hivatásos szónokként tevékenykedik.

Jacquelin Holzman éppen befejezte 15 éves helyi politikai pályafutását; 6 évig volt polgármester, aztán 4 hónappal később, 1998. márciusában mellrákot diagnosztizáltak nála. Úgy döntött, felveszi

Az agyvérzés: amely megváltoztatta az életemet

a küzdelmet és nyilvánosságot szerez a rákkal való tudatos szembenézésnek. Ő és lánya 200.000$-t különítettek el rákgyógyítási és kutatási célokra. Továbbá nők százai tették félre a félelmeiket és ugrottak a telefonhoz, hogy mammogramos vizsgálatnak vessék alá magukat. A nagyobb tudatosság az egészséges életmód fontosságát illetően, az új és gyorsabb diagnosztizáló technikák kifejlesztésének növekvő jelentőségével ötvözve, a rákmentes jövő reményét kínálják.

A könyv 34 másik 'segédszerzője' leírta a harcot, amelyet a rákkal vívott. A mellrák (in situ duktális karcinóma, invazív duktális karcinóma, invazív lobuláris karcinóma, előrehaladott stádium, háromszoros negatív inflammatórikus) volt jellemző a csoportban, valamint a prosztatarák, a Hodgkin-kór, a non-Hodgkin-limfóma, a nyelőcsőrák, vastagbélrák, leukémia, az ismeretlen eredetű rosszindulatú daganat, a kollíziós tumor és a végbélrák. A könyv 2008-as kiadása óta hárman találkoztak az íróval. A könyv kifejező és jó olvasmány, minden szereplő leírja a saját betegségélményét, beleértve a félelmeket és az érzéseket is.

Ami engem illet, 2012-ben jártam utoljára orvosnál, aki úgy nyilatkozott, hogy a prosztatarákom teljesen GYÓGYULT, a jövőben már nem kell felkeresnem őt.

Az agyvérzés: amely megváltoztatta az életemet

Az agyvérzés: amely megváltoztatta az életemet

FELÉPÜLÖK AZ AGYVÉRZÉSBŐL

A világ csúcsán voltam. Sikeres akadémiai és hivatásszerűen folytatott üzleti karrierem volt. Aztán csapásként ért a prosztatarák és most egy agyvérzésből kell felépülnöm. A prosztatarákból viszonylag zökkenőmentesen felgyógyultam; nem volt egyetlen munkanap kiesésem sem. Most viszont egy agyvérzésből kell felépülnöm.

A gyógyulási folyamat során meg kell tanulnom járni és beszélni. Az első tanárom, Julia, nagyon okos és nagyon határozott nő volt. Különböző témákban tett fel kérdéseket, nekem pedig nehezemre esett megtalálni a megfelelő szavakat. Még a képpel együtt szereplő szavakkal is nehézségeim voltak. Felismertem a képet, de nem tudtam a szót, amellyel leírjam. Ő meg tudta mondani a szót, nekem viszont nehezemre esett megjegyezni a választ. A vele töltött 4 hét során nagyon keveset fejlődtem. A rehabilitációs folyamatot 20 szóból álló szókinccsel kezdtem és a nyelvi készségeim csak fejlődtek.

Az agyvérzés: amely megváltoztatta az életemet

A fizioterapeuta, Chantelle, végtelenül segítőkész volt a kommunikáció terén. Bátorított, hogy mindig a legjobb formámat hozzam, akkor is, ha ezt nagyon nehéznek érzem. Segített, hogy felüljek a szobabiciklire és lassan tekerte a pedált, egyértelműen azzal a szándékkal, hogy megtanuljak kerékpározni. Megértette, hogy nehezemre esik, ezért lelassított, majd fokozatosan újrakezdtük a gyakorlatot. Először csak 20 perces foglalkozásokat tartott, majd egy órára nyújtotta a találkozókat. Ugyanakkor a lábaim is makacsul bátorítottak a tovább próbálkozásban; kedvező válaszokat kaptam. Valójában Chantelle segített nekem a legtöbbet a felépülés kezdeti szakaszában. Épp csak elkezdtem újra járni, ő pedig önbizalmat adott hozzá, hogy járjak és hogy egyre eredményesebb legyek.

Nos, a higénés tréning igencsak bővelkedett élményekben. Ketten segítettek, hogy eljussak a WC-re. Először a mozdulatnál az ágyból ki, a székbe be (ami eléggé kalandosnak bizonyult), aztán két ember segítségével a mellékhelyiségbe való eljutásban. A kórházban alsóneműben tértem nyugovóra, de a

Az agyvérzés: amely megváltoztatta az életemet

szeretetotthonban kényelmetlenül éreztem magam ezzel a megoldással. Ezt a kényelmetlenség érzetet nagyon stimulálónak találtam, a gyógyulásom jele volt, bár még nagyon korai szakaszában jártam. Kezdetben a kezeim nem voltak együttműködők, és mindent másoknak kellett helyettem elvégezni. Egy alkalommal aztán a személyzet elvitt WC-re, de egy kommunikációs probléma miatt ottfelejtettek. Fél óra múlva tértek csak vissza; akkoriban fedeztem fel, hogyan kell őket visszahívni.

Körülbelül egy hónappal az egészségügyi kezelésbevétel után az ápolószemélyzet és az orvos javulást tapasztalt nálam. Ideje volt, hogy átszállítsanak egy másik intézménybe: az Elisabeth Bruyere Központba. Ez extrém kedvező fejlemény volt számomra: a rehabilitációs folyamat kezdete, remény, hogy meggyógyulok. Az áthelyezés folyamata, mely sokat javított a kutatóintézeti helyzetemen, körülbelül 3 hétig tartott, de végül az megvalósult átszállítás.

A belső áthelyezés időszakában folyamatosan javult az állapotom, különösen a fizioterápiás eredményem. Chantelle dolgozott velem, a készségeimet javította. A kerékpározás mellett továbbjutottam a séta-feladathoz, amely során két sínen kellett mozognom és a lábaimmal gyakorlatokat végeznem. Először húznom kellett a lábaimat, egyiket a másik után, aztán továbbcsúsztatni, miközben a kezemmel tartottam magam.

Április 29-én megkértem Rose-t és az ápolókat, hogy vigyenek ki a kórházból. Szigorú előírásokat kaptam arra vonatkozólag, hogy ne menjek haza (a lépcsők miatt), ezért megállapodtunk, hogy a Billings Bridge nevű étterem központba megyünk. A lábaim meglehetősen makacsul viselkedtek, így autóba kellett raknom őket. Azon gondolkoztam, hogy a lábaim képesek lesznek-e a gyógyulási folyamat során valaha is engedelmeskedni az akaratomnak. Aztán Randy kihajtott a kórház területéről, én pedig meglehetősen furcsának láttam a dolgokat. Több mint két hónapot töltöttem kórházban és minden új volt számomra. Mégis, végre mégis kijutottam a kórházból, még ha az orvos azt mondta is a feleségemnek, hogy mozgássérült maradok.

Az agyvérzés: amely megváltoztatta az életemet

Miközben az autóban utaztam, egy délutáni kávé erejéig kimozdulva, a lehetséges kezeléseken gondolkoztam. Nos, az autóút viszonylag rövid volt, ki kellett emelnem a lábaimat az autóból és tolószékbe kellett ülnöm. Ez nehezebb feladat volt, mint ugyanez az ellenkező irányba, de Randyvel át akartuk navigálni a lábaimat az autóból a kerekesszékbe. A jobb karom még nem igazán működött, de végül sikerült átülnöm. Jelentős teljesítmény volt számomra, hogy egy tolószékben a Billings Bridge étterem központban lehetek. Felmentünk az éttermekhez, kávét ittunk és beszélgettünk. Nagyon büszke voltam a családomra és végre kórházon kívül voltam. Amikor vissza kellett indulnunk, be kellett szállnom az autóba, aztán a tolószékbe és végül ágyba kellett feküdnöm. Ez volt az utazás kezdete. Májusban kimenőt kaptam és a szombatokat otthon tölthettem. A családom segített a lépcsőn felfelé való közlekedésben, a többi a tolószék dolga volt. Az első két szombatot a székemben töltöttem a házban, TV-t néztem és beszélgettem a családdal.

Az agyvérzés: amely megváltoztatta az életemet

Májusban fodrászhoz kellett mennem hajat vágatni. A kórházban a földszinten volt egy női fodrászat, ahová a nejem és én időpontot egyeztettünk. A találkozó május 19-én délután 1 órára esett. A hajvágás a női fodrásznál több mint egy órára nyúlt, nem elég hosszú idő, de élvezetes élményt jelentett.

Május 25-én tájékoztattak róla, hogy jóváhagyták az Elisabeth Bruyere Centerbe történő átszállításomat, s a mentőautó reggel jön értem. Izgatottan vártam az áthelyezést, a felépülés kórházába kerülök. Bár járni még nem tudok, de olyan emberekkel fogok együtt gyakorolni, akik képesek rá.

A mentőautó 10 óra körül vett fel, és átvittek az Elisabeth Bruyere Kórházba. A kórház a negyedik emeleten helyezkedett el, kaptam egy szobatársat, és a szobának ablaka is volt.

A fiziológus Dr. Acharya, egy jó humorú orvos és törődő személyiség volt. Volt egy képzett ápolóm, Julia, aki nagyon türelmesen viselkedett és minden tekintetben eleget tett a kívánságaimnak. A szociális munkást Beverlynek hívták és nagyon jó

Az agyvérzés: amely megváltoztatta az életemet

beszédkészséggel rendelkezett. A fizioterepeuta, Terri segített nekem a legtöbbet a felépülésem során. A mozgásterapeuta, Isabelle segített az otthonom kialakításában. A beszédterapeuták, Cathrine és Krista, munkájukat hozzáigazították a gyógyulásomhoz. A dietetikust Anitának hívták, de vele csak néhány alkalommal találkoztam. A gyógyszerész, Jasprit gyakran járt nálam; tanácsokat kaptam tőle.

Az új kórházban tehát kiváló volt a személyzet, és teljes mértékben törődtek a szükségleteimmel. A gyógyulás útján jártam, fokozatosan, de jól haladtam. Rengeteget gondolkoztam a kórházban azokon az embereken, akik a személyzet miatt panaszkodtak. Nos, az engem ellátó szakemberek kiválóan teljesítettek és törődtek a felépülésemmel.

Mivel az első célom a mobilitás elérése volt, volt szerencsém egy mobilitásvezetőt kapni, Territ, aki edzőmként remek programot állított össze a számomra. Eleinte nem tudtam felállni, ezért kerékpár gyakorlatokat végeztetett velem, és egy különleges kézterápia ülést tartott. Ahogy fejlődtem,

Az agyvérzés: amely megváltoztatta az életemet

járásterápiában részesített, melynek során még használhattam támaszkodáshoz a karom és a lábaim. Az utolsó gyakorlatok, kapaszkodás nélkül, jelentették az előrelépést. Az eredmény igen bátorító volt, képes voltam lábon állni, némileg megtámasztva magam a kezeimmel, sőt még sétálni is megpróbáltam. A lábaim lassan kezdtek együttműködni és visszatért az erő a teljes lábamba. Sikerült a járás első szakaszát elsajátítanom, még hosszú út áll előttem, de ez már a kezdet.

A mozgásterápiához használatos szobában mozgatható tárgyak álltak rendelkezésre, hogy elsajátítsam a helyes koordinációt. Ezen a területen nehézségekkel küzdöttem; a jobb lábam és a jobb kezem reagáltak, de csak lassan. A számítógép előtt töltött időmet játékkal ütöttem el, hogy helyreálljon a koordinációm és az egyensúlyom.

A beszédszoba, másfelől, jónéhány kihívást tartogatott számomra. Cathrine nagyon kellemes személyiség volt, támogató és szinte ki tudta venni a számból a szót, legalábbis az idő nagy részében. Még akkor is, amikor képeket nézegettünk, kihívást

Az agyvérzés: amely megváltoztatta az életemet

jelentett a számomra, hogy megfelelő szavakat találjak. Élveztem a tanóráit, de a szavak csak lassan jöttek elő. Krista ellenben nagyon tudományos volt, és a szavak nem akartak a számra jönni. Mindkét tanárom esetében az volt a benyomásom, hogy a beszéd probléma lesz a számomra.

A második hétvégén megpróbáltam a nap nagyobb részét kint tölteni. Ez nem jelentett gondot, mivel a kórház bátorított rá, hogy töltsek időt a családdal, ők pedig jelentősen támogattak. Majd megbeszélést tartottunk a nővérrel a házirendet illetően, főként a járás, a lépcsőzés, otthonról hozott ételek fogyasztása és egyéb házimunkák témájával kapcsolatos, megengedett és tilos tevékenységekről. Az első gyakorlat délutánra esett, az ebéd és a vacsora időpontja közé, aztán többnyire ebédidő táján került rá sor, ezután ebéd és vacsora következett. Minden látogatáskor be kellett számolnom a feladatokról, amelyekre képes voltam, és a privilégiumokról, amelyeket szereztem, így a látogatások meglehetős igénybevételt jelentettek számomra. A családom segítségével képes voltam rá,

Az agyvérzés: amely megváltoztatta az életemet

hogy megerősítsem a lában és néhány lépést újra járjak.

Jennifer és gyermekei hetente számos alkalommal meglátogattak, Ryan és Sara társasága rengeteg örömöt jelentett számomra. Randy három hetenként keresett fel és nagyon bátorítólag hatott rám. Michael a születésnapomon (június 9-én) tért vissza és sok örömben volt együtt részünk. Június 7. és 12. között eljártunk ebédelni és vacsorázni. Szóval megismételtük, mert a lábam bekeményedett és nem tudtam mozdítani sem. A házba menet felsegített a lépcsőn, de a mozgás némi problémát jelentett. Michael 12-én visszautazott Wisconsinba, én pedig alig bírtam elviselni a fájdalmat, amit éreztem. Délután 4 körül Rose felhívta a mentőket; visszavittek a kórházba. Visszakerülésem nyugtalanította az intézményt, az ápoló orvost hívott, aki megvizsgált (egy tanuló orvos), majd utasította a személyzetet, hogy hívjanak mentőt és vitessenek át a főkórházba. Délután 6 körül már ott feküdtem. Egyáltalán nem bírtam mozgatni a lábaimat.

Az agyvérzés: amely megváltoztatta az életemet

Nos, a kórház valóban sokat tett értem. Azt gondolták, hogy a paralízis visszatért, és két napon keresztül tetőtől talpig átvizsgáltak. Először agyi szkennelésre küldtek, aztán a vesét és a májat ellenőrizték, és végül a lábat vizsgálták. Két nap elteltével arra a következtetésre jutottak, hogy a láb besokallt, nyugalomra van szüksége. Aztán visszaküldtek a Bruyere-be, hogy felépüljek. A nővér egy kissé haragudott rám a fejlemény miatt, de beigazolódott, hogy a lábam miatt gyógyszerezésre szorulok. A fizioterapeuta a lábgyakorlatok során könnyedén vette a gyógyulásomat, s június közepe körül már újra képes voltam járni egy kicsit.

A következő találkozáskor el kellett döntenem, hogy újra feléledek, vagy egy kicsit tovább maradok a kórházban. Megkérdeztem a fizioterapeutát, hogy szerinte tudnék-e bottal járni. Azt mondta, próbáljuk meg. A kórházban közlekedhetnék bottal és a kivizsgálásra is mehetnék úgy, ahol találkozunk. A kórház egy az ízületek elleni támadásnak bizonyult, nagyon fájdalmas ügy, de felépültem belőle. Még a takaró is szenvedést okozott, és a fájdalom nagyon

Az agyvérzés: amely megváltoztatta az életemet

erős volt. Mindazonáltal a helyes gyógyszerezéssel ettől is sikerült megszabadulnom.

A következő találkozónk június 29-én 11:15-kor volt. A teljes személyzet és a nejem voltak jelen. Még mindig tolószékben ültem, bár bottal képes voltam járni.

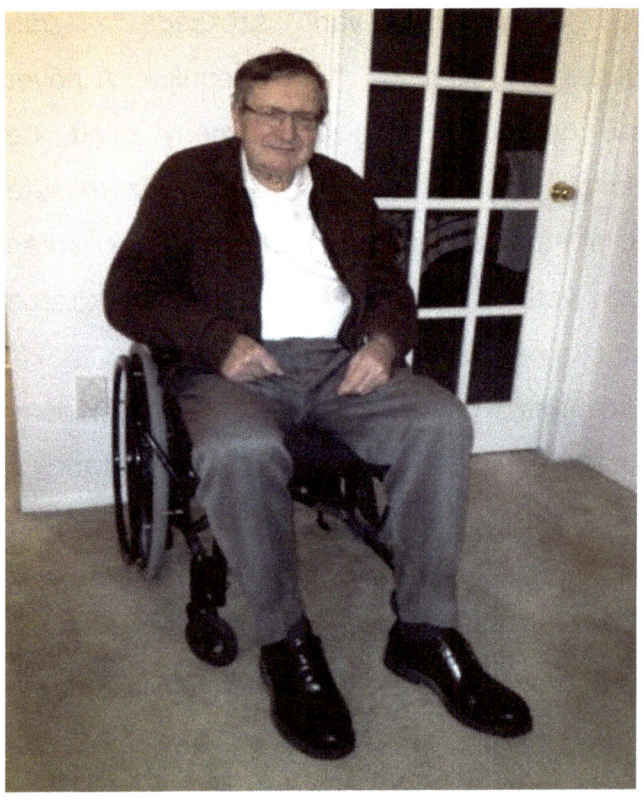

33. kép: Nem álltam lábra, tolószékhez voltam kötve

Az agyvérzés: amely megváltoztatta az életemet

Az első megszólaló Dr. Acharya, az orvos volt. Így szólt: „Mr. Hegyit jobboldali gyengeséggel és kommunikációs nehézségekkel vettük fel, ami a bal oldali agyi szélütés eredményeként lépett fel. A vérnyomása és a vércukor értékei rendben vannak. Vérhígító gyógyszereket kap, hogy megóvjuk egy jövőbeni agyvérzéstől és a szívbajtól. Ízületi gyulladása volt, ami miatt rendszeres gyógyszeres kezelésre szorul majd". Az orvos beszámolója helyesen írta le a gyógyítási folyamatokat. Az ízületi gyulladást sikerült ellenőrzés alá vonni és a cukorbetegségem is rendben volt. Egy jövőbeni szívinfarktus elkerülése érdekében vérhígítót szedtem és a vérnyomásom is megfelelő volt. A gyógyszerezés a vérnyomásértékeket 105/70 szintre redukálta, megelőzőleg 140/95 volt, bár kritikus időkben elérte a 200/115-öt is. Az ízületi gyulladás tisztázódott, korábban minden csupa vörös volt rajtam és fel volt dagadva, most pedig természetes fehér színű és egészséges. Ebben az állapotban hosszú időt fogok megélni.

Az agyvérzés: amely megváltoztatta az életemet

Julia, az ápoló, a következő beszámolót mondta: „Mr. Hegyi kellemes és együttműködő beteg". Rendszeres cukor és koleszterin diétán van. Önállóan étkezik. Öngyógyszerezéssel kezdett, jelenleg a második szakaszban van. Júlia volt a kedvenc ápolónőm, aki rendszeresen törődött velem és aki bevezette nálam a második lépéshez tartozó orvosi diétát. Segített elkészíteni a fekvőhelyemet, tisztán tartotta a szobát és gondoskodott pizsamáról. Ez nagy dolog volt és a gyógyulásomat a helyes irányba terelte.

A szociális munkás megjegyzése: „ A távozás tervezett időpontja július 6. 10 óra. A ParaTranspoval történő szállításra előjegyezve, az információ átadása a személyes vészhelyzet jelzőrendszer segélyvonalról és a Dél-kelet Ottawa Közösségtámogató Szolgálatról megtörtént." Nos, a szociális munkás egy nagyon hatékony, de hihetetlenül túlbuzgó férfi volt. Ritkán mosolygott és munkacsoport-érzést közvetített. Túlbuzgó volt és pontos.

A mozgásterapeuta, Beverly a következő megjegyzést tette: „3x1 hetet töltöttünk együtt közös

Az agyvérzés: amely megváltoztatta az életemet

munka céljából, a jobb kéz fejlesztése érdekében és a kétoldali tevékenységek kivitelezése miatt. Észlelési és kognitív tevékenységeket ajánlottam a Montreal Kognitív Értékelő Rendszer szerinti 14/30 nehézségi fokozatnak megfelelően térvizuális/kivitelezés funkció, figyelem, nyelv, absztrakció és késleltetett emlékezet. Heti 1x1 alkalommal a rehabilitációs asszisztenssel együttműködve önálló tevékenység keretében önellátási feladatok végzése, képes súlyt áthelyezni és önállóan mosakodni a mosdónál, illetve zuhany visszafüggesztésére a megfelelő felszereléssel. Otthon kivitelezhető kar/kéz programhoz szükséges felszerelések listája + értékesítői lista csatolva." A beszámoló nagy részét nem értettük, de mindenki bólogatott, tehát úgy értelmeztem, hogy egyetértenek. Beverly nagyon szívélyes terapeuta volt, segített alkalmazkodnom a rehabilitáció otthoni dolgaiban.

 A fizioterapeuta, Terri, így írt: „A javuló mozgáson dolgoztunk. Jobb kéz és jobb láb, egyensúly, járás. Minden területen fejlődés tapasztalható. Bot segítségével képes a járásra. Otthonra bot segítségével kivitelezhető programot fog kapni." Az összes terapeuta közül a fizioterapeuta segített a legtöbbet. Megtanított járni és megengedte, hogy önálló legyek. Mindig hálás voltam neki.

A beszélt-nyelv patológus ezt jegyezte fel: „Írott kifejezésekkel dolgoztunk, amiben javulás mutatkozott. Az önmegfigyelés jobb és egyre gyakrabban képes kijavítani a saját betűzési hibáit. A megértés tekintetében elmondható, hogy ezen a területen erős és csak kismértékben érintett negatívan. A kifejezési készség javulása folytatódik, a helyes szó megtalálása időnként nehéz, de a szavak mögötti tartalmakat már ügyesebben használja. Javasolni fogom, hogy vizsgálják meg a járóbeteg rendelés által nyújtott beszéd patológiai szolgálaton." Tehát egyetértek a beszéd terapeutával és már vártam a további segítséget ezen a területen. Mindkét beszédterapeuta segítőkész volt és jócskán hozzájárult a folyamatos felépülésemhez.

A beszámolót követően beszélgetésbe kezdtünk: Az orvos azt mondta, hogy autót vezetnem még nem lehetséges, és le kell tennem egy vizsgát, mielőtt újra vezetni fogok. Az írásbeli tesztet követően

Az agyvérzés: amely megváltoztatta az életemet

két vizsgáztatóval, egy a patologikus teszteléshez, egy a közúti teszteléshez, gyakorlati vezetési teszten is részt kell vennem. A mozgásterapeuta felajánlotta, hogy megnézi az otthonomat és javaslatokat tesz a szükséges változtatásokat illetően. A fizioterapeuta örült a fejlődésemnek és úgy nyilatkozott, hogy körülbelül 6 hónapon belül bot nélkül fogok járni. Ez jó hír volt a számomra.

Másnap, június 30-án, a tevékenységterapeuta kíséretében haza taxiztam. Ahhoz, hogy a hazamenetelre kész legyek, képesnek kellett lennem rá, hogy mindent egyedül csináljak. Elsőként a főbejáratnál, ahol a lépcsők vannak: a terapeuta felhívta a figyelmem a három elkerített lépcsőre, de a póznát szükség szerint használhatom támasztékul. Azt mondta, hogy a házhoz vezető bejáratot segítség nélkül is használhatom. A nappalit rendben levőnek találta. Volt egy elektromos székem, amely abban volt a segítségemre, hogy le tudjak ülni és fel tudjak állni. A konyha vonatkozásában úgy találta, hogy képes vagyok körbejárni, és elérem a konyhai dolgokat a fiókban, szekrényekben és a hűtőben. Úgy gondolta, hogy képes vagyok elmozdítani a székeket a konyhában és az étkezőben és át tudom helyezni a hordozható tárgyakat. A fürdőszoba (a nem megfelelő) kihívást jelentett: fontolgattuk, hogy másik, karral ellátott felszerelést vásárolunk, hogy a WC-re járást megkönnyítsük. Ebben az időpontban nem hagyta jóvá a zuhanyzó használatát, mert a berendezési tárgyak közötti átjárás nem volt ideális. A fő fürdőszobában volt egy karral ellátott magasított WC-ülőke, ez elfogadható megoldásnak bizonyult. A lányom be fog szerezni egy zuhanyszéket. Csúszásgátlókat is kell vásárolnom a kádakba. A fürdőszobát rendben lévőnek találtuk, ajánlotta, hogy távolítsuk el a földön lévő tárgyakat az öltözőasztal közeléből, hogy az esés veszélyét elkerüljük. Végül nem ajánlotta a pince és a hátsó udvar megközelítését. Kijelentette, hogy egyetért eltávozásom július 6-i dátumával.

A kórházból való kijövetelem időpontjáig egész héten gyakoroltam, majd összecsomagoltam a holmimat, s így július 6-án délelőtt 10 órakor készen álltam a távozásra. Elbúcsúztam a kórházi

Az agyvérzés: amely megváltoztatta az életemet

személyzettől és megköszöntem a törődésüket. Visszaszolgáltattam a járókeretemet és elkészültem a bottal történő kisétálásra. Ez volt az első alkalom, hogy sétabot nélkül léptem ki az épületből, ez nagyon jó érzéssel töltött el. A feleségem kocsival jött értem, nekem pedig az járt az eszemben, hogy a "béna" most mégis bottal jár. Rengeteget fejlődtem az agyvérzésem óta, sőt még az orvos eredeti elvárásait is túlszárnyaltam.

Éppen dél volt, amikor a kórházat elhagytuk és a nejemnek megmondtam, hogy ebéd után szeretnék bemenni az irodába. Egy thai étteremben ebédeltünk, ez a kedvenc konyhám, gombalevest, csirke curryt és fagylaltot fogyasztottunk. Aztán elindultunk az irodába. Az irodám a második emeleten helyezkedett el, én pedig bottal másztam fel a lépcsőkön; egyszerre csak egy-egy lépést téve jutottam el a székemig. Természetesen voltak látogatóim, de végre újra az irodában voltam. Egy óra elteltével készen álltam a hazaindulásra. Megmondtam a páromnak, hogy szeretnék segítség nélkül bemenni a házba és leülni a székembe. Ez a legfontosabb dolgok egyike volt számomra: Készen álltam a hazatérésre. Amikor a kocsi megállt, segítség nélkül kiszálltam és elsétáltam a lépcsők felé. A magam erejéből felkapaszkodtam a három lépcsőn és egyenest a székem felé haladtam. Segítség nélkül ültem le és úgy éreztem magam, mint akinek van egy millió dollárja. Megcsináltam, otthon, teljesen egyedül!

Most pedig otthon vagyok, s ugyan bottal, de tudok járni! Az első este egyedül ültem a székemben és rengeteget gondolkoztam. Öt hónap kórházi tartózkodás után haza érkeztem és készen álltam a gyógyulásra. Már felkészültem a küzdelemre, ami még előttem állt. Még részben mozgáskorlátozott vagyok, a beszédkészségem 40 százaléka annak, amilyennek lennie kellene, és a szóalkotási készségemnek még helyre kellett állnia. Mindazonáltal elkezdtem dolgozni, minden héten egy kicsit, és mindig növeltem a munka mennyiségét, míg karácsonyra elértem a teljes mértéket.

A következő néhány hétben otthon járóbeteg tevékenységekre hívtak. Az első Maria volt, a fizioterapeuta. Ugyanolyan türelmes volt, mint a

Az agyvérzés: amely megváltoztatta az életemet

korábbi tanácsadók, de részletesebb volt a használt szó párbeszédben való felhasználása lehetőségeinek tekintetében. Még mindig kikérdezték a szókincsem, de a szavak sokkal inkább nyelvorientáltak voltak. A nyelvben ténylegesen használt mondatokat tanított nekem, amelyeket a mindennapos párbeszédek során használni tudok. A kurzus egy fontos aspektusa az volt, hogy hogyan folytassunk párbeszédet. Megkért, hogy beszélgessek vele a munkáról vagy egy hobbiról, és azt a feladatot kaptam, hogy a következő összeülésünkre készítsek a szóanyagból mondatot. Ahogy haladtunk a terápiával, arra kértek, hogy készítsek párbeszédet egy összetett anyagból, mint pl. ünnepségre való meghívást a munkámmal kapcsolatosan, vagy emberek egy megbeszélésre történő meghívásának követelményeiről. Ez nagyon fontos volt a számomra, mert a munkámhoz kapcsolódott. Ahogy közeledett a karácsony, felmentettek a beszédterápia kezelések alól.

Az agyvérzés: amely megváltoztatta az életemet

34. kép Abszolváltam bothasználatból, újra járok

Az agyvérzés: amely megváltoztatta az életemet

Nyelvterápiára kaptam egy másik meghívást. Ez a beszéd- és a mozgásterápiának egy kombinációja volt. Még mindig bottal jártam a megbeszélésekre, a tanárom pedig azt próbálta megtanítani nekem, hogyan éljek túl ebben a gyorsan mozgó világban. A kezelések 15 perc kerékpározással kezdődtek, és a kezem és a lábam terápiáját is magukban foglalták. Rengeteget fejlődtem ezen alkalmak során, különösen a karommal és a lábammal kivitelezett mozdulatokat illetően, pontosan olyan együttműködőek voltak, mint amilyennek lenniük kellett.

A kormány által finanszírozott kezelések decemberben befejeződtek, rengeteget fejlődtem, de az átlagosnál sokkal többet kell majd tennem ebben az ügyben. Elkezdtem azon gondolkodni, hogy mi a teendő annak érdekében, hogy a viselkedésem normális legyen. Karácsony környékén már képes voltam bottal járni, egy kicsit lassú voltam, de egy lépéssel előbbre jártam a gyógyulás útján.

Aztán a lányom és én nehéz döntés elé néztünk. Közvetlenül az agyvérzés előtt azt mondtam

Az agyvérzés: amely megváltoztatta az életemet

a lányomnak, hogy elviszem őt és a gyerekeket meglátogatni Mike nagybácsit és Penny nénit. Ezt egy terápiás programnak szántuk a gyerekek számára, amikor édesapjuk meghalt. Jennifer aggódott a mozgásom és a biztosítás miatt. Szerencsém volt; heti 160$-ért biztosítást tudtam kötni, és volt elegendő összegyűlt pontom Jennifer, a gyerekek és saját magam számára, hogy Chicagóba utazzunk. Jennifer repülőjegyet foglalt és 2011. december 22-én a hátunk mögött hagytuk Ottawát, hogy Chicagóba utazzunk. Jennifer megbeszélte Mike-kal, hogy felvesz minket a chicagói reptéren, majd két órát utaztunk Madisonig. Az út rendben zajlott, nem éreztem magam különösebben betegnek, egy reptéri hossztesz jött értem és elvitt a poggyász felvételhez. Mike már ott várt rám; beszálltunk az autóba és Madisonba hajtottunk. Bár a reptértől fél órányira megálltunk, mert Jennifer észrevette, hogy a gyerekek elhagytak egy bőröndöt. Tehát Mike és ennifer visszamentek a reptérre és megtalálták a csomagot, amíg én vigyáztam az unokákra (teljesen egyedül). Amikor Madisonba értünk, Penny néni és

Az agyvérzés: amely megváltoztatta az életemet

lánya, Tassia tárt karokkal fogadtak bennünket. Mindössze alig egy évvel korábban nyomoréknak tartottak, most pedig bot nélkül jártam. Az út Madisonba nagyon izgalmas volt és néhány bolondos dolgot is csináltunk. Rengeteg kirakatot megnéztünk és délben elmentünk ebédelni; egy olyan étterembe vihettem el a családot, ahol a vendég maga készítheti el a saját steak-jét. A karácsony reggel igazán izgalmas volt, kibontottuk az ajándékokat és fotókat készítettünk. Hétfőn reggel Chicagoba utaztunk és beköltöztünk egy szállodába. Jennifer és Mike elvitték a gyerekeket a városba, én pedig ittam egy sört és TV-t néztem. Jennifer elmondása szerint a városlátogatás izgalmasra sikerült, rengeteg érdekes dolgot láttak. Másnap reggel felkeltünk és készen álltunk az utazásra. Először Montrealba, majd Ottawába repültünk, és már otthon is voltunk.

Az agyvérzés: amely megváltoztatta az életemet

Aphasia Centre
(Beszédterápiás Központ)

Januárban beszédterápiába kezdtem egy független, az Aphasia Centre nevet viselő csoport gondozásában. A csapat, név szerint Gillian, Beth, Helene, Joanne és Emilia számos szakterületet képviselő specialistából áll, szolgáltatási palettájuk a beszédterápiától kezdve a mozgásterápiáig terjed. Ekkor már teljes munkaidőben dolgoztam (74 évesen), s a két óra elfoglaltságot jelentő tanórákra szerda délután került sor a Ron Kolbus Lakeside Community Centre épületében Ottawában. A megjelentek többségükben agyvérzést szenvedett, vagy hasonló kórt átélt betegek voltak. Szókincsük erősen korlátozott volt, körülbelül 20 szótól az 500 szóig terjedt. A személyzet a megjelenteket 3-4 csoportra osztotta, ezáltal interakciót létrehozva a csoportok és azok között, akiknek fejlődése a kommunikáció magasabb szintjét érte el.

Az agyvérzés: amely megváltoztatta az életemet

Képes voltam rá, hogy a csoportban használjam az angoltudásomat, de lassan fejlődtem. Kezdetben azt gondoltam, hogy visszajutok a szélütés előtti szintre, a fejlődésem lassú volt. Feltételezem, a professzionális szintre próbáltam gyorsan visszajutni, de lassabb lettem annál, amivel számoltam. Újra kellett tanulnom a korábbi dolgokat, az írást, a szófordulatokat, a kifejezéseket, a modorosságokat, és különösen a beszédkultúrát. Ez sokkal nehezebb volt, amint vártam, bár könnyebb, mint a tanulópálya előtt. Az íráskészségem eleinte csak lassan tért vissza, és kihívásokkal teli maradt. Először gépírással próbálkoztam, ami különösen lassan ment. A szokványos szavakat is nehezemre esett leírni és még nehezebb volt a helyesírásra emlékeznem. A kifejezések még nehezebben jöttek elő, a betűzés pedig már az átlagos szavak esetében is összezavart. Feltételezem, hogy a nyelvi készségeim idővel kifejlődtek, ugyanakkor a felélesztésük nehezemre esett. Amikor munkába mentem, sokszor összekevertem a szavakat és nehézségeim voltak a betűzéssel. Ugyanakkor a

Az agyvérzés: amely megváltoztatta az életemet

munkahelyi szófordulatokkal való bánásmód sokkal nehezebb volt. Az évek folyamán az ember hozzászokik bizonyos gesztusokhoz, testbeszédhez önmaga kifejezésében, az agyvérzés után viszont a test nem a megszokás szerint ismétel. Úgy vélem, ez volt a számomra a legnehezebb. Aztán a kézírás, ami a gépírás után, nagyon komplikált feladat volt, még most sem vagyok képes rá. Ha valaki hozzászokott, hogy klaviatúrán írjon, a szeme nem szokik hozzá a kézíráshoz.

Ha meg akarok szólítani egy csoportot, a szavak kimondása, egyik szó a másik után, nehéz. Az agynak nem jelent kihívást a feladat és nem keres új szavakat. Az ember ennek tudatában van és a beálló szünet nyugtalanítja. Ugyanakkor ezzel egyidőben a szavak folyékonyabban jöttek elő és az emberek megértették.

Július 6. és december vége között elvégeztem a korábban felhalmozódott feladatokat, és elkészítettem a szerződést az Ontario Természeti Erőforrások Minisztériumával. A Kanadai Haderő bázissal tervezett szerződés meghiúsult. 2012.

Az agyvérzés: amely megváltoztatta az életemet

januárjában megpróbáltam kutatási feladatokba mélyedni. A kórházban töltött öt hónap alatt a csapatom megpróbálta kideríteni, hogy hol lehet a kutatási anyagom, aminek eredményeképpen az emberek dilemmába jutottak. Így tehát azon fáradoztam, hogy rendet rakjak az irodában. Bevittem az otthoni könyveimet, és felállítottam egy új könyvespolcot a holmijaim számára. Átszerveztem a kutatási munkámat, hogy bárki megtalálhassa, projektről-projektre, évről-évre. Aztán kezdtem elmélyedni a kutatómunkámban (a cégem meglehetősen hatékonyan működött, nekem pedig hozzá kellett fognom a kutatómunkához). Felhívtam az összekötőmet a Nemzeti Kutatási Tanácsnál és érdeklődtem az új szerződési lehetőségek felől. Még mindig nem volt folyékony a beszédem, de megértettem magam azt illetően, hogy mit akarok tenni. Az agyam folyamatosan dolgozott annak megértésén, hogy mi a teendő, és céljaimat képes voltam kommunikálni a kormányzat felé.

Feltételezem, a kutatás területén a dolgok lassan változnak és a fák növekedésének

Az agyvérzés: amely megváltoztatta az életemet

szakzsargonjával leírva a változás végtelenül kicsi. Tehát miután céget működtettem, visszatértem a kutatás területére, különösen a fák növekedése és hozama területén. 1970-ben megjelent egy cikkem, mely a legelső releváns publikációk közé tartozott a Banks-fenyő növekedéséhez kapcsolódóan. 40 év elteltével megtekintettem a több mint 30 hivatkozást, amelyet a cikkemhez kapcsoltak, még a 2000-es években is. Úgy véltem tehát, jó ötlet lenne egy ráépülő szakcikk arról, hogyan nőnek a Banks-fenyők az évek során. Mivel jó kapcsolatban voltam az OMNR kollégáival, új mérési adatokat kértem tőlük a kérdéses fenyőfajtáról, illetve a lucfenyőről 20 évre visszamenően. Miután az új információt rendelkezésemre bocsátották, támogatást kértem a kanadai kormánytól az adatok elemzéséhez. Megkaptam a pénzt, hogy elvégezzem a mérések elemzését, egy évvel a kórházból való távozásom után szerződésem volt a feladat elvégzésére.

Tehát teljesen elmerültem a kutatásban, a publikációk terén újra nyeregben voltam. Az évek során körülbelül 35 cikket publikáltam, könyvet szerkesztettem és jelentős konferenciákon voltam meghívott előadó. Nagytekintélyű karriert futottam be, mi több, hátradőlhettem és élvezhettem a nyugdíj időszakát. Mindazonáltal nem akarom a nyugdíjasok idilli életét élni, dolgozni akarok valamin. A kutatás és a könyvírás a nekem való nyugdíjas projekt. Nem vagyok ambiciózus, a csúcsot már korábban elértem, de most élvezni akarom a nyugdíjas éveimet. Az én koromban volt már rákom és agyvérzésem, és a szervezetem átlépett egy másik időszámításba. 23 kilót fogytam és most jó formában vagyok. 80 éves koromig dolgozni akarok, aztán feladom a kutatást és csak a könyvírással foglalkozom. Visszatekintettem és azt mondom, lám a nyomorék bot nékül jár, és új karriert épít.

A 23 kg testsúlyleadás megváltoztatta az életfelfogásomat. Változott az étvágyam, már nem ugyanazt az ételtípust fogyasztom. Az agyvérzés előtt élveztem az evést, szívesen ettem tojást, szalonnát, kolbászt, krumplit, marha feketepecsenyéből készült steak-et, ami mind jóízű és zsíros étel, de amikor kikerültem a kórházból, megváltozott az étvágyam.

Az agyvérzés: amely megváltoztatta az életemet

Jobb irányba. Még mindig eszem tojást, szalonnát, kolbászt és néha feketepecsenye-steak-et is. A kórház előtt sohasem fogyasztottam desszertet. Most már szeretem a desszertet, különösen a fagylaltot és a pitét. Ugyanakkor a szervezetem is helyre jött, teljesen egészséges vagyok. Normális a vérnyomásom, a vércukor értékeim is rendben vannak és nincsenek vérproblémáim sem. Az utolsó vizsgálat alkalmával az orvos azt mondta, hogy teljesen tökéletes az egészségem. Minden alkalommal, ha egy egészségügyi beszámolót kézhez veszek, arra az orvosra gondolok, aki a feleségemnek azt mondta, hogy nyomorék maradok.

Jelenleg egészségesen élek, fájdalom nélkül, és javul a hozzáállásom. Elértem azt a mentális állapotot, hogy fel fogok épülni az agyvérzésből. A gyógyulási folyamat során szükség lesz némi kiigazításra. Először is, a személyiségem meglehetős változáson ment keresztül. Míg a kórházban voltam, visszagondoltam rá, hogy hogyan történt a szélütés. Először azt gondoltam, hogy az ér megpattanása hirtelen történt, a felépülésem pedig csoda volt. Most,

Az agyvérzés: amely megváltoztatta az életemet

hogy visszagondolok, meglehetősen sok figyelmeztető jelet kaptam. Decemberben feji érproblémával kerültem kórházba. Az orvosok azt mondták, hogy a szívritmusom szaporává vált és le kell lassítani. Nos, ez volt az első alkalom, hogy mentőautóval utaztam. Élveztem a fuvart, de amikor a kórházba értünk, rögtön egy ágyhoz kísértek és két orvos vizsgált meg. Különböző kórházi felszerelésekhez kötöttek és gyógyszert kaptam, hogy a szívritmusom lelassuljon. Körülbelül 6 órát töltöttem a kórházban, megnyugtatták a szívet annyira, hogy eltávozhassak az intézményből. Ugyanez történt egy hónapon belül, heves szívdobogást kaptam, kórházba mentem, helyreállítottak. Aztán egy hónappal később megpattant az agyi ér és elkezdődött a testileg és szellemileg korlátozott életem.

Most magam mögött hagytam ezt a mozgássérült életformát és egy új élet kezdődik. Már az agyvérzésem előtt volt egy cégem, de most át kell gondolnom a stratégiámat. A cég jól működik, tehát elkezdhetek kutatási munkát végezni. Bár a szavak még nehezen jönnek a számra és az írás is kemény

Az agyvérzés: amely megváltoztatta az életemet

kihívás. Eldöntöttem, hogy írok egy könyvet az agyvérzésről. Kezdetben nehéz volt, nehezen hoztam elő a szavakat a fejemből, lassú volt a szókincsem. Amikor elkezdtem írni, nem tudtam helyesen betűzni. Egy bekezdésen belül átlagosan 5-10 szót kellett a szótárból kikeresnem. Néhány hónappal később már majdnem egy teljes oldalt írtam és minden félmondatnál szótárt használtam. Aztán néhány hónappal később már egy teljes oldalt írtam és egyre ritkábban használtam a helyesírás-ellenőrző funkciót. Most naponta közelítem a 3-5 oldalt és csupán néhány mondatonként használom a helyesírás-ellenőrzőt. Lassan indult a dolog, de a betűző cimborák némelyike a beszédcsoportban mögöttem áll, bár 2-3 évvel előttem kaptak szélütést. Az írás a legnehezebb feladat, amelyet meg kell oldanom.

A beszédterápia kihívást jelentett. Amikor elkezdtem foglalkozni ezzel, a szavak csak lassan jöttek a számra. Meglehetősen sokat szenvedtem ezek miatt; megtalálni a szavakat és lassan haladni. Az első kezelésekre a rekreációs központban került sor, ahol különböző személyiségekből álló különös embercsoporttal találkoztam. Néhányan küzdöttek a szavakért, míg mások meglehetősen otthon voltak a mondathasználatban. Amikor a csoportot szétszedték és a jóemberek kicserélődtek, csak kicsit fejlődtünk a kezeléseken. Mindazonáltal, amikor a csoport feloszlott, jobban hallottunk. 2012. augusztusában az Aphasia Centre-t áthelyezték a Merivale Road 2081 szám alá, és néhányunk új helyre került. Ezt az új helyszínt sokkal jobbnak találtam, és a csoport is jobban illett a fejlődésemhez. Mostanában minden kedd délután eljárok ide.

Először az angol nyelvet tanultam meg újra, bár anyanyelvem a magyar. Mégis, amikor egy alkalommal a nejem és én egy magyar partyra mentünk, ahol a leginkább használt nyelv a magyar volt, nehezemre esett a megértése. Ennek ellenére másfél órán belül visszatért a nyelvtudásom. Több mint két órát töltöttünk a partyn, és közben újra érteni kezdtem a magyart. Aztán, amikor a találkozóról visszatértem, a beszédterápia során javult az angolom is.

Az agyvérzés: amely megváltoztatta az életemet

35. kép Újra jártam, bár lassan.

Az agyvérzés: amely megváltoztatta az életemet

Az agyvérzés: amely megváltoztatta az életemet

FELÉPÜLÉS NÉMI HELYREIGAZÍTÁSSAL

Lassan újra felépülök, de sohasem leszek a régi. 2012. decembere van, majd 2 év telt el az agyvérzésem óta, a gyógyulásom lassan, de stabilan halad.

Teljesen felépültem a bénulásból (kivéve két ujjamat, ezek nem teljesen zárnak. Járásomban nem vagyok korlátozott és más fizikai fogyatékosságom sincs. A kezeim tökéletesen működnek, a bénulás elmúlt.

A beszédkészségem körülbelül 60 százalékban állt helyre. Újra megtalálom a változatos szavakat a mondataimban. Egyértelműen kijelenthetem, hogy a beszédkészségem visszatérőben van, egy-két éven belül eléri a közel tökéletes mértéket.

A 23 kg súlyleadás több problémát is megoldott. Viszonylag sovány vagyok, jobban is érzem magam. Természetesen naponta 10 különböző gyógyszert szedek, vérnyomáscsökkentőt, vérhígítót,

Az agyvérzés: amely megváltoztatta az életemet

gyulladáscsökkentőket és más orvosságokat. Mozgásom még mindig lassú, másfelől azonban meglehetősen erőteljes tudok lenni. Meg fogok tanulni vezetni, de előtte még el kell távolítani a szürkehályogot a bal szememről.

Jelenleg teljes munkaidőben dolgozom az irodában és könyvet írok az agyvérzésemről. Még részt veszek a terápiában és haladok a nyelvújratanulással. Kineveztek a társaság igazgatótanácsának élére, ami igazán jóhatású dolog a gyógyulásom tekintetében.

A felépülésem folyamata több helyreigazítást igényelt. Bár nem voltam kommunikációképes, meg tudtam érteni az előrejelzéseket. Leküzdöttem a váratlan nehézségeket, visszanyertem a járáshoz szükséges erőmet és készen állok az életben való aktív részvételre. A 20 szavas szókincstől és a részleges bénulásból elértem a 2.000-res szóállományt és a mozgáskorlátozottságból való teljes felépülést. A következő évben folytatom a golfot.

Az agyvérzés: amely megváltoztatta az életemet

Most pedig a Teremtőmet szeretném kérni, hogy normális életet élhessek. Még legalább 20 évet; addigra az unokáim is megtalálják a hivatásukat, és készen fogok állni a nyugdíjazásomra.

Addig is nézem majd Ryan hokimeccseit. Minden hétvégén elmegyek a meccsekre, és most, hogy a szürkehályogot levették, még látni is fogom. Nézem majd az unokámat, ahogyan játszik és jól fogom érezni magam.

Az agyvérzés: amely megváltoztatta az életemet

VÉGKÖVETKEZTETÉS

Az agyvérzés kezelése idején mélyen átéreztem az Istenbe vetett hitet. Különösen a Lábnyomok a homokban című történet jelentett nagy vigaszt a számomra. „Uram, hiszek Benned, még ha nem láthatlak is. Álmaimban visszatekintettem az életemre, két pár lábnyomot látok a tengerparton, majdnem mindig, a Tiédet és az enyémet. De amikor nehéz időkben sétáltam arra, csak egy pár lábnyomot láttam."

Isten így válaszolt:

„Drága gyermekem, amikor nehéz idők következtek rád, az volt az az idő, amikor hordoztalak téged."

Az agyvérzés: amely megváltoztatta az életemet

Minden alkalommal nehézségek által gyógyultam meg, Isten lábnyomai ténylegesen láthatóvá váltak.

www.ingramcontent.com/pod-product-compliance
Lightning Source LLC
Chambersburg PA
CBHW051838090426
42736CB00011B/1870